F. W. Kahrel

Sammlung nützlicher Kunststücke die Ökonomie, Baukunst und Chemie

betreffend aus den grössern Werken eines Krünitz, Wiegleb, Halle, Jung, u.a.m.

gezogen

F. W. Kahrel

Sammlung nützlicher Kunststücke die Ökonomie, Baukunst und Chemie
betreffend aus den grössern Werken eines Krünitz, Wiegleb, Halle, Jung, u.a.m. gezogen

ISBN/EAN: 9783743471030

Hergestellt in Europa, USA, Kanada, Australien, Japan

Cover: Foto ©ninafisch / pixelio.de

Weitere Bücher finden Sie auf **www.hansebooks.com**

Sammlung
nützlicher
Kunststücke
die
Oekonomie, Baukunst
und Chymie
betreffend
aus
den grössern Werken eines Krüniz
Wiegleb, Halle, Jung, u. a. m.
gezogen
von
M. J. W. Kahrel.

Zweiter Theil.

Frankfurt am Mayn,
in der Jägerischen Buchhandlung,
1791.

Zweiter Theil.

Die Baukunst betreffende Erfindungen und Kunststücke.

1.

Wie der Mauerkalk recht dauerhaft zu machen ist, daß er dem Wind und Wetter widerstehen kan.

Hiebey kommt erstlich zu beobachten vor die Beschaffenheit des Kalkes, zweytens dessen gute Bearbeitung bey seinem Gebrauch.

Der Gypskalk dessen Kalkstein am wenigsten dem Spies = und Marienglaß gleichet, oder vielmehr nicht damit versezt und angeschossen ist; der aber hingegen dem Marmor oder Albastensteinen an Härte und Sprödigkeit am nächsten kommt, und gräulich aussiehet, nicht zu viel und nicht zu wenig gebrennet, gehörig klein gestossen, nicht mit fremden Theilen als Sand, Thon ꝛc. vermischt, und entweder so eben gebrennt oder an einen trockenen Orte nach dem Brennen vor aller feuchten Luft wohl verwahrt worden, ist der beste.

NB. In der Gegend von Hanau wird ein besonderer guter Kalk gebrannt.

Bey der Bearbeitung des Kalkes zu seinem Gebrauch ist zu bemerken: daß der Kalk viel dichter und fester bindet und viel besser gegen Wind und Wetter aushält, wenn er allein mit Wasser, und nicht mit Sand vermischt eingerühret wird, besonders wenn die Seite des Hauses oder die Mauer der Wetter- oder Abendseite ausgesezt ist, sonst aber wenn dabei so viel Haltbarkeit nicht nöthig ist, und die Wände und Mauren inwendig im Hause sind, und also keinem Wetter ausgesezt stehen, kann man zu deren Uebertünchung und den Kalk zu sparen zu 2 Theilen Kalk 1 Theil steinartiger und von allen Erdtheilen gereinigten Sand, welcher eigentlich Grand heißet, oder einen reinen Flußsand zusezen.

Die Alten haben zu ihren sehr dauerhaften Mauren 1 Theil Gypskalk, und ein Theil Bitterkalk mit 1 Theil steinigten Sandes versezt, gebrauchet: diesen aus dreierlei Sachen bestehenden Kalk müssen sie mit so vielem Wasser eingerühret haben, daß er hat können in die Mitte der Mauer, wenn die Seitensteine aus- und einwärts aufgesezt gewesen, wie ein dünner Brey eingeschüttet werden, dadurch hat er sich mit geringer Beihülfe der Mauerkelle, in die allerkleinsten Fugen gezogen, die mittelsten und kleinen Steine sind sodann in den Kalck gedruckt, auf solche Weise sind solche standhafte Mauern in die Höhe geführet worden, und können noch heut zu Tage so dauerhaft gemacht werden.

Es

Es muß aber dieses Mauern bey reiner und trockener Luft geschehen, und etliche Wochen gegen den Regen hinlänglich bedeckt sein.

Was das Wasser betrift, womit der Kalk eingerühret wird, so muß solches kein hartes Brunnenwasser, sondern ein weiches fließendes am besten aber ein gesammletes Regenwasser sein.

Das Maas desselben ist nicht so schlechthin zu bestimmen, hätte man z. E. einen Eimer puren Kalk, so würde man ohngefehr zur Einrührung den halben Eimer Wasser nehmen müssen; sollte Grand oder Flußsand darunter gemischt werden: so darf deshalben nicht mehr Wasser darunter kommen, weil der Grand nicht durchgeweicht werden darf. Noch besser aber wird es von selbst bestimmet, wenn man die eigentliche Art und Weise der Einrührung beobachtet, worauf nicht wenig ankommt. Sie bestehet in folgendem

In ein festes und wohl verwahrtes Gefäß, gemeiniglich in einen ausgehauenen Trog, schüttet man erst den Theil des Kalkes, der eingerühret werden soll. Je weniger man auf einmal dazu nimmt, je besser ist es; es wäre dann, daß nicht einer oder zwei, sondern mehrere Maurer zugleich in Arbeit stünden, und damit versorgt werden müßten.

Den entweder allein oder mit Grand in den Trog geschütteten Kalk macht man mit einer Breithacke etwas eben, und gießet sodann aus einem dabey stehenden Eimer oder Gefäß das Wasser darüber, sogleich wird mit der Hacke aufs hurtigste und sorgfältigste in dem Kalk hin und her gefahren, daß er aller Orten wohl durchwässert, und als ein Brey flüßig gemacht werde. Schüttet man nicht zu viel und nicht zu wenig Wasser zu, welches man durch die Uebung leicht lernen wird, so wird man besondere Vortheile davon haben: wenn man zu wenig Wasser nimmt, und muß daher nachgießen, so bindet der Kalk schlechter, noch weit schlimmer ist es wenn der Kalk zu viel gewässert und alsdann noch trockener Kalk nachgerühret wird. Von beiden wird man durch leichte Probe bald überzeugt werden.

Es muß daher sowohl von dem Bauherrn als Mauermeister darauf gesehen werden, daß diese Arbeit allemal regelmäßig vorgenommen werde. Anders ist der Kalk zuzubereiten wenn damit gemauret, anders wenn damit Gebäude beworfen werden, und wieder anders wenn damit die Ziegel auf dem Dach eingelegt werden sollen.

Es ist aber allemal dabei zu bemerken, daß wenn sich ohnerachtet aller Vorsicht, Klößen in dem Kalk zusammen gesezt haben, selbige lieber herausgeworfen, als zerstossen, und mit dem Kalk vermischt werden. Zuletzt wird die Hand an die Schaufel gelegt, mit welcher man den Kalk noch einmal durchgearbeitet, und ihn sodann in die Gefäße wirft, in welchen er den Maurern zugebracht wird. Uebrigens wird ein jeder von selbst noch leicht einsehen können, daß es gar nicht gut sey, wenn der Trog nicht jedesmal rein ausgetragen, sondern, etwas bis zum wiederhohlten Einrühren darinnen gelassen worden. Noch schlechter ist es, wenn der eingerührte Kalk den Mittag, oder den Feyerabend mit abwarten muß. Bindet er sich unterdessen nicht gänzlich, so kan es doch zum Theil, zu großem Nachtheil des Bauherrn geschehen.

Das sind die Hauptstücke, nach welchen mit dem Gypskalke zu verfahren ist, wenn er in Mauern und Gebäuden dem Winde und Wetter gehörig widerstehen, und auch andere zufällige Stöße und Erschütterungen standhaft aushalten soll.

Endlich ist zu bemerken, daß die aus alten Mauern gebrochene Kalckstücke und Brocken, vermittelst des Feuers aufs vortheilhafteste erneuret und so gut zugerichtet werden können, als der Kalk, welcher aus rohen und frisch gegrabenen Kalksteinen gebrannt wird.

Man muß nur kunstmäßig damit verfahren, denn ob er gleich überhaupt eben so gebrannt und zubereitet werden muß, als bisher gezeigt worden: so erfordert er doch z. E. einen besondern Grad des Feuers und muß auch beim Schlagen, zumal wenn er mit Grand vermischet wäre, etwas anders gehandhabet werden. Es ist daher bei abgebrannten Gebäuden vieler Vortheil aus den Kalkstücken zu schaffen, wenn sie auf den Brandstätten sorgfältig zusammen gelesen, und nachher in besonders dazu angelegten Oefen und Gruben gebrannt werden.

Der Bitterkalk ist der gewöhnliche gemeine Kalk, welcher in den meisten Gegenden von Deutschland im Gebrauch ist. Wo der Gyps- oder Spahrkalk gar nicht zu haben oder gar zu kostbar ist; da muß er freilich in einer Mauer so gut dienen als er kan, niemals aber wird er des ersten Stelle völlig vertretten, In dem Grunde und so viel die Mauer mit Erde bedecket ist, folglich auch in den Gewölben, kan er allein gut aushalten, in der Höhe aber müßte er wenigstens mit dem Gypskalke versezt werden, doch kan seine an sich weichere und gelindere Beschaffenheit durch die Kunst merklich verbessert werden, wenn er zur Gnüge gebrannt, gehörig gelöscht und ordentlich gebraucht wird.

Die Kennzeichen daß er gut gebrannt sei, sind, die Kalksteine müssen nach dem Brand, wie ein gut gebrannter Topf klingen, und wenn sie ins Wasser geworfen werden, gleich zischen und sich ganz zu einem Brey auflösen lassen.

Was das Löschen desselbigen betrift, so muß er vor dem Löschen vor aller Feuchtigkeit verwahret werden, es schadet ihm, wenn

er

er als ungelöschter Kalk lange liegen muß, man lasse den besten 4 bis 6 Wochen, und besonders an der Erde liegen. Fangen die Stücke nicht an ganz aus einander zu fallen, so kan man sie doch mit leichter Mühe zerdrücken, und mit den Fingern zu Pulver reiben, gieset man sodann Wasser darauf, so wird er nicht sonderliche Bewegungen machen, und man wird keinen recht zehen Kalkbrei heraus bringen, welches doch beides erfolgen muß, wenn er gut gebrannt, und nach dem Brand bald gelöscht wird.

Dieses Löschen kan sowohl mit wenigem, als mit einer größern Menge Bitterkalkes vorgenommen werden, weil aber die Aufführung eines Gebäudes mehr als einige Scheffel erfordert: so wird auch hier vornemlich zu zeigen sein, wie man es am besten anzufangen habe, wenn ein ziemlicher Vorrath z. E. ein halber oder ein ganzer Wispel oder noch mehr, gelöschet werden soll, einige machen nur ein bloßes rundes oder vierecktigtes Loch in die Erde, schütten den Kalck hinein, und gießen Wasser darauf, andere tragen erst Sand darüber her, ehe sie Wasser darauf gießen, und rühren ihn außer beim Löschen gar nicht um.

Besser aber ist es, wenn man einen geräumigen und dichten Kasten von Brettern zusammen schlagen läßt, dessen Seiten zwar breit aber nicht zu hoch seyn dörfen, damit man bequemer mit Hacken und Schaufeln

 darin

darin herumfahren könne, an der einen Seite dieses Kastens machet man ein viereckigtes Loch oder Einschnitt etwa ein Fuß breit, welches mit einem Schieber versehen ist, und also nach Belieben geöfnet, oder geschlossen werden kan, vor diesem Loche wird eine Grube in die Erde gegraben, welche auch mit Brettern, wenigstens an den Seiten, ausgefüttert werden kann, besonders wenn das Erdreich zu locker wäre, und leicht einfiele, wenn man sich sodann an das Löschen machen will, so werden 3 bis 4 Scheffel Kalk in den beschriebenen Kasten geschüttet, und so aus einander geworfen, daß er nicht zu aufgethürmt, sondern flach liege, darauf gießet man einen Eimer voll Wasser nach dem andern darauf, bis er beinahe ganz unter getaucht ist, der Kalk fängt an zu praßlen, und verursachet einen starken Dampf, man ergreift die Breithacke, und fängt an zu rühren, bis daß alles völlig aufgelößet werde.

Es wird noch mehr Wasser zugegossen, wenn der Kalk noch nicht recht flüßig werden wollte, hat er noch fremde und unreine Theile bei sich, so stößet er sie von sich ab, daß sie oben schwimmen, und man wirft sie mit einer Schaufel heraus, mit dem Durchrühren muß so lange angehalten werden, bis alles ganz zergangen ist, es schadet sehr, wenn man zu wenig Wasser zugegossen, und den Kalk nicht recht flüßig gemacht hat, er kan, nach dem Maaße zu rechnen, fast zweimal so viel Wasser

ser vertragen, als er selbst ausmachet, daher z. E. auf einen Eimer bitter⸗oder ungelöschten Kalks zwei Eimer Wasser gehören, es löset sich in dem Wasser so reichlich auf, daß aus einen Scheffel beinahe zwei werden können, giebt man ihm daher nicht genug Wasser, so entzieht man sich nicht allein seinen Vortheil, sondern verschlimmert auch seinen Kalk. Er wird hernach zu hart und trocken, welches doch einem guten gelöschten Kalk eigentlich nicht widerfahren sollte, der vielmehr stets wie Butter in der Grube oder im Loche stehen muß, hat sich im übrigen bei dem Löschen der Dampf völlig gelegt, schäumet der Kalk welcher nun einer fetten Milch ähnlich siehet, gar nicht mehr, so ziehet man das bemeldete Loch des Kastens auf, und lässet ihn in die Grube laufen.

Darauf verfährt man wieder mit einigen Scheffeln des vorräthigen ungelöschten Kalks, so wie vorher, bis die Grube voll, oder bis der Kalk zusammen gelöschet ist. Ob nun gleich so viel Wasser unter den Kalk gekommen ist, so wird er doch in der Grube nicht allein bald gerinnen oder steif und dick werden, sondern er wird sich auch so wenig sezen oder eintrocknen, daß man es sich nicht vorstellen sollte, und man es auf der Oberfläche nicht so leicht wahrnehmen wird, dieses zeiget eben die geschehene Vermehrung augenscheinlich.

Hat man vorher auch probiret, mit welchem Wasser der Kalk am besten gelöschet, oder am bequemsten aufgelößet werden könne, so kan man sich desselben mit größerem Vortheile bedienen, es wird gemeiniglich nicht darauf gesehen und es macht doch in der Sache keinen geringen Unterschied, an manchen Orten hat man mehrere Quellen oder Bäche, aus deren einem sich das Wasser viel besser, als aus dem andern zu dem Kalke schicket, und man könnte solches mit geringen Kösten und mit leichter Mühe dazu nehmen, ist aber das Wasser an dem einen Orte dem Gypskalke so wenig, als dem Bitterkalk zuträglich, so kan auch daselbst nicht so dauerhaft, als an dem anderen Orte gebauet werden, wenn auch gleich einerlei guter Kalk an beiden genommen wurde.

Bei der Zurichtung und Gebrauch des gelöschten Bitterkalkes ist zu merken, daß je länger er nach dem Löschen in der Grube unangebrochen liegt, desto besser und dauerhafter wird er, dann er wird davon zäher, hängt fester zusammen, und bindet hernach in der Luft und bei dem Gebrauche viel härter, auf jedes Jahr, welches er so zubringt, darf man beinahe 20 bis 30 Jahr rechnen, welche er alsdann länger im Winde und Wetter aushalten kan, und sollte man ihn auch 10 bis 15 Jahren in der Grube aufbewahren, ehe man ihn braucht, so wird er alsdann eine fürtrefliche Dauer erhalten, und geschickt sein

Wet-

Wetterwände damit zu überziehen, dahingegen der Kalk, welcher bald nach dem Löschen verbraucht wird, gleich Risse bekommt, und wieder abfällt.

Was seinen Gebrauch selbst anlanget, so ist derselbe anders, wenn damit gemauret, anders wenn die Wände damit überzogen, und noch anders, wenn die Zimmer damit ausgeweisset werden, muß damit gemauert werden, so ist es, wie oben schon gesagt worden, am besten, wenn er mit gleichen Theilen Gypskalks und reinen Grandes versezet, und diese dreierlei Dinge zusammen so flüßig gemacht werden, daß sie recht in die Fugen der Steine einziehen können, kan man nur den Bitterkalk allein haben, so muß er doch auch mit Sande vermischt werden, er kan allerlei Arten des Sandes vertragen, wenn nur kein Staub oder keine Erde darunter ist, kan man ohne viele Umstände zerstossene Ziegel oder Brandsteine, Topfscherben, Muscheln und dergleichen haben, und sie mit dem Bitterkalk vermischen, so thut er auch gute Dienste. Es mag aber darunter gemacht werden, was da will: so muß doch der Kalk zum wenigsten die Hälfte der Masse ausmachen, und diese vermischte und wohl durch einander gerührte Masse verdient den Namen des Mörtels, ist der Bitterkalk hinlänglich gelöschet, so ist es kaum nöthig, daß bei der Verarbeitung aufs neue Wasser zugegossen werde. Es ist auch vortheilhafter, wenn er nur so wie er aus der Grube gestochen, mit Sande

ver-

vermischt wird. Ist er rechter Art, so wird er auch ohne zugegossenes Wasser durch das Knäten und Handthieren wieder weicher und flüßiger, würde er aber mit Gypskalk vermischet, so bleibt es bei dem vorigen, soll der Bitterkalk zur Bekleidung und Ueberziehung der Wände, oder zum Tünchen gebraucht werden, als wozu er sich am allerbesten schicket, (wie er dann auch zur Ueberziehung der mit Lettenerde und Schalholzes ausgesezten Wände sehr gut verarbeitet wird) so wird er mit gesottenen und geschlagenen Haaren, dergleichen die Sattler zur Ausstopfung der Stühle nehmen, nicht sparsam vermischet, und sodann entweder ein oder zweimal dünn aufgetragen, durch die eingemischte Kühe- oder besser Hundshaare hängt er sich so aneinander, daß eher die ganze Wand abfällt, als daß ein Stück herausgestoßen, oder vom Regen abgewaschen würde. Je trockener der Grund oder die Wand ist, und je ebener und gleicher er aufgetragen worden, desto fester und dauerhafter hängt er an.

Endlich ist noch zu bemerken, daß er nie auf einen noch nassen Grund zu sezen, nie zu stark auf einander zu schmieren, auch nicht uneben zu verstreichen ist rc. doch dies sind Dinge, welche auf die Geschicklichkeit der Maurers ankommen, sie dienen aber auch dazu, daß der Kalk dem Winde und Wetter besser widerstehen könne. Rathlef auserlesene Abhandlungen aus dem Hanoverischen Magazin 1ter Band. *.

2.

Wie das Zimmerholz fast unvergänglich zu machen sey.

Will man das Eichenholz dem Cederholz und Eißen gleich und so harzig machen, wie die Knoten im Tannenholz sind, wodurch es fast unvergänglich wird, so geschiehet solches auf folgende Weiße.

Man muß erst das Holz zu der Absicht wozu es gebraucht werden soll, ganz fertig machen lassen, alsdann leget man es in einen ausdrücklich darzu verfertigten langen Ofen, der eine doppelte Einfassung, und nur eine kleine Oefnung hat, durch welche die Luft herausgehen kan, wenn er geheizet und das Holz darinnen getrocknet wird. Man kann den Ofen so groß bauen, daß mehr Stücke zugleich darinnen Raum haben, der Ofen muß eine doppelte Einfassung haben, eine welche das Feuer vom Holz abhält, und die andere, worinnen das Feuer brennet, das Zimmerholz liegt in der ersten Einfassung, wie das Fleisch in einer Pastete, und das Feuer muß nur ganz gelinde seyn, damit die Wärme das Holz durchdringe ohne daß es Risse bekommt, wenn das Stück einen Fuß ins Gevierte stark ist, so muß es 7 bis 8 Stunden in Ofen liegen, und so nach Proportion der Dicke Länge oder Kürze.

So

So wie das Holz aus dem Ofen kommt, legt man es in einen Kessel von dicken Bleche, der lang genung ist, um alles Holz zu fassen, was man hineinlegen will, und worinn Unschlitt fast kochend heiß gemacht ist, da aus den Zwischenräumen des Holzes alle Luft und wässerrigte Theile durch die Hitze heraus gejagt werden, und so dringt das fließende Fett ohne Schwierigkeit tief ins Holz hinein, wenn es 7 bis 8 Stunden darinn liegen bleibt, alsdann muß man das Holz sogleich aus diesem Kessel in einen anderen voll kochend heisses Pech legen, ob das Pech gleich dicker ist, so dringt es doch in 4 Stunden bis auf 10 bis 12 Linien in das Holz hinein, vereiniget sich mit dem Fette und läßt dieses weder wieder heraus, noch die Luft hinein dringen, wenn das Holz kalt ist, so kan man es nach Belieben glatt krazen lassen, damit es besser gehandhabet werden kan.

Der Unschlitt wird nur bei dicken und solchen Holze gebraucht, worauf viel ankommt, zu anderem Holz oder Dielen ist das Pech allein schon hinlänglich, wenn nur das Holz wohl getrocknet ist, und ganz warm in den Kessel gelegt wird, das Pech muß Anfangs nicht kochen, weil es sehr zähe ist, und also leicht so heiß werden würde, daß es das Holz verbrennte. In dieser Operation bestehet das ganze Geheimniß, und ein jeder kan die Würkung derselben leicht erachten, durch das Pech kan weder Wasser noch Luft in das damit über-

überzogene Holz dringen, verderbt, und verwirft sich auch daher nicht und bekommt keine Risse noch Würmer.

Daß unsere meisten flüchtigen Weine nicht verführet werden können, liegt blos daran, weil das Holz der Fässer zu schwammigt ist, und die Bewegung derselben beim Transport die Ausdünstung des Weins zu sehr befördert; wären die Fässer mit Pech nach obiger Art zubereitet, so würden die Dauben, die Bänder u. s. w. nicht allein sehr lange dauren sondern es würden sich in solchen gepichten Fässeren alle starke Getränke und überhaupt alle Sachen, welche die Luft verderbt, sehr lange halten. Hamburgisches Magazin XXter Band.

Anmerk. Diese Methode kan am Vortheilhaftesten an kleinem Holz, welches zu Fensterrahmen, Fensterbelege und Riegel, wie auch Wasserbütten, und anderen Holzwerk, welches zu solchen Sachen gebraucht wird, welche am meisten der Nässe und dem Regen ausgesezt sind, angewendet werden. Das Holz wird dadurch viel dauerhafter werden, als wann solches mit bloßer Oelfarbe angestrichen wäre.

3.

Die beste Art Zimmerholz von Eichen, lange Zeit vor Faulniß, Risse und Würmern zu verwahren.

1. Man fälle die Eiche zu der Jahrszeit, wenn sie die wenigste Früchtigkeit enthält, das ist ohnfehlbar in dem Winter, nachdem sie im Herbste alles Laub hat fallen lassen.

2. Ist der Baum zu erwähnter Zeit gefället worden, so muß man ihn sogleich an allen vier Seiten behauen. Ist man so glücklich, beides Fällen und Behauen in einem rechten starken Winter zu verrichten, so wird er von der Kälte viel besser als von der Hitze ausgetrocknet, als welche Kälte keine Risse verursachet wie die Hitze thut.

3. Nach dem Fällen und Zurichten müssen die Stücke, sobald es sich nur irgends thun läßt, unter Dach geleget werden, mit zulänglich hohen Zwischenrippen von trockenen Fichten oder Tannen, daß die Luft frey zwischen jedem Stück spielen kan. Das Dach des Schopens muß so hoch über das Eichenholz gehen, daß die Sonnenstrahlen nicht darauf fallen. Abhandlung der Schwedischen Akademie der Wissenschaften. XXXVIIIter Band.

4.

Eine Erfindung, denen Spalten am Holz vorzubeugen.

Wenn man ein Stück von Birken, oder anderm Holze zum zukünftigen Gebrauch bestimmen und in zwei Theile gespalten haben will, so hauet man mit einem scharfen Eisen einen Rand an beiden Seiten mitten in das Holz, in denselben Rand schlägt man einige kleine hölzerne Keile ein, die aber doch das Holz nicht völlig bis auf den Kern zerspalten, hernach legt man das Holz allmählig in den Schatten zum Trockenen, so kann man sich darauf verlassen, daß es nirgends anders, als wo man will bersten, und zu dem wozu man es bedarf dienlich sein werde.

Ein gemeiner Holz muß fast auf gleiche Weise gehandhabet werden, weil es annoch Grad ist, auch dann thut man mit der Axt in grader Linie, eine halbe Ehle von einander verschiedene Hiebe in den Stamm an die Seite, in dieselbe Hiebe schlägt man dünne hölzerne Keile so tief ein, daß der Stamm gegen den Kern zu etwas berstet.

Da es ferner gebräuchlich ist, die Stämme auf beiden Seiten zu behauen und eine Zeitlang Trocken zu lassen, ehe sie in eine Wand gelegt werden, so ist es gut, daß man nach geschehener Behauung diese Verkeilung auf beiden Rücken des Stammes verrichte, so daß derselbe an beiden an einander entgegenstehenden Seiten gegen den Kern zu, ein wenig von einander spaltet, so kann man hernach versichert sein, daß er nachher keine Spalte auf den Flächen bekommen werde. Abhandlung der schwedischen Akademie der Wissenschaften 1ter Band.

5.

Holzgebäude auf eine nützliche Art zu berappen.

Alte Häuser mit einem Mörtel aus Sand und Kalk zu bekleiden, zu dessen Befestigung Holznägel eingeschlagen sind, oder die Wand zu berohren, ist schon lange ausgeübt worden; anstatt dessen aber kann die Wand erst mit einem Mörtel von Sägespänen, Heckel und Thonwasser überzogen werden, ehe der Sandmörtel darauf gebracht wird.

Die Mengung geschiehet auf folgende Art: Zu 3 Tonnen dicken Thonwasser wird eine halbe Tonne gut gelöschter Kalk, und wenn dieses umgerühret und gemischt ist, Sägespäne und nach deren Mengung Heckel untergemengt. Die Menge der Sägespäne hängt von dem Zusammenhange ab welchen man haben will, aber gegen sie nimmt man ein vier-

viertheil Heckfel. Anstatt der Sägespäne kann auch Flachsspren, oder die klare Spreu von anderen Getreidearten gebraucht werden. Solcher Mörtel wird auf die Wand zum wenigsten einen Zoll dick aufgetragen, und mit der Mauerkelle sorgfältig ausgebreitet. Beim trocknen reißt er wohl etwas, aber der nun darauf gesetzte Sandmörtel haftet in diesen Rissen desto besser; überdem muß man wenn er etwas steif wird, längst der Wand, zwei Zoll von einander Furchen an denselben ziehen.

Wenn dieser Beschlag trocken worden ist, wird er mit dem gewöhnlichen Mörtel aus Sand und Kalk überzogen.

Die Entbehrlichkeit des Bennagelens oder Berohrens, und die Hinlänglichkeit einer geringeren Menge Kalk macht den Sägespänmörtel wohlfeiler als den Sandmörtel; wenn man voraussetzt, daß Thon und Sägespäne oder Flachsspreu leichter als Nägel zu haben sind. Wieglebs Magie IIter Band.

6.

Ein dauerhafter und wohlfeiler gelber Anstrich für steinerne Häuser und Mauren.

Man löset gemeinen grünen Vitriol ohngefehr 4 Pfund in 8 Kannen kochendem Wasser auf, von diesem Vitriolwasser schüttet man etwas unter gelöschten Kalk und mischet beides recht wohl durch einander, darauf versuchet man durch einen Anstrich auf eine weise Wand ob die Farbe hell oder dunkel genug sey. Wäre sie zu hell, so müßte noch etwas Vitriolwasser zugesetzt werden. Inzwischen ist es doch rathsamer bei der hellen Farbe zu bleiben, weil sie mit der Zeit dunkeler wird. Zur Veränderung der Farbe kann man auch etwas Kohlenstaub darunter mischen. Diese leichte wohlfeile und nützliche Farbe hat die gute Eigenschaft, daß sie sich von der Wand nicht trennet; sondern vielmehr der beworfenen Wand und dem Mörtel, wie dem Holze, eine dauerhafte Festigkeit ertheilet. Wieglebs Magie IIter Band.

7.

Dauerhaftige Dächer von Eisenblech zu machen, und solche von dem Rost zu bewahren.

Man beschlägt die Dächer statt der Leiensteine oder Ziegel mit starkem Eisenblech und überstreichet hernach solche mit folgendem Fürniß.

Zu einer Kanne oder Maaß Leinöl nimmt man 4 Loth ganzen Umber und 8 Loth Silberglätte. Beides wird mit einem Hammer

in

zu Stückchen zerschlagen, die nicht kleiner als einer Erbsen sind, alles wird in einen kupfernen Kessel zusammen gemengt und bei gelindem Feuer gekocht, ohne es umzurühren, bis es so heiß ist, daß eine Feder im Oele verbrennet, und so weich ist, daß man es mit den Fingern leicht zerbrechen kann, alsdann ist der Fürniß zum Gebrauch fertig. Abhandl. der schwedischen Akademie der Wissenschaften VIIter Band.

Eine Erfindung solche Dächer von Eisenblech mit wenigen Kosten für dem Rost zu bewahren, bestehet darinn: Die eiserne Bleche werden mit Kienruß, welcher mit Theer folgendergestalt angemacht ist; überstrichen. Man thut den Kienruß in ein weites hölzernes Gefäß, wozu man nach und nach ein wenig Theer gieset, und dieses mit einem hölzernen Stößel wohl zusammen rühret, bis alles wohl unter einander gemischt ist. Im Frühjahr oder im Maimonate ist es am besten die Dächer anzustreichen, weil die Sonnenhitze alsdann nicht so heftig ist, als mitten im Sommer, dann im Mai wird die Farbe von der Luft und gelinden Wärme bei der nach und nach zunehmender Wärme und Hitze abgehärtet; dahingegen wenn der Anstrich im Sommer geschiehet, das Theer wieder herunter fliesen pflegt, und sich nicht recht befestigen kann.

Zu dieser Arbeit müssen die gewöhnlichen grosen Mahlpinsel, die kurz von Borsten und ganz dicht gebunden sind, genommen werden, womit nach Mahlerart die Farbe auf dem Bleche ganz eben überstrichen, und dasselbe damit völlig überdeckt wird, und schwarz und glänzend erscheinet. Auf solche Art erlangt man gute dauerhaftige Dächer von Eisenblech. Abhandl. der schwedischen Akademie der Wissenschaften Iter Band.

8.

Brand abhaltender Anstrich des Herrn D. Glasers in Suhla.

Es bestehet dieser Anstrich aus drei Theilen geschlemmten Thon und einem Theile Mehlkleister. Der Leim und Thon wird sorgfältig geschlemmt, das Holzwerk an der Oberfläche rauh gemacht, und der Anstrich zu wiederholten malen, doch jederzeit sehr dünne aufgetragen, auch die Ritzen so beim Trocknen entstehen, wieder ausgefüllt.

Diesen Anstrich räth Herr D. Glaser zur Ueberziehung des Holzwerks der Gebäude allgemein an, um dadurch die schnelle Fortpflanzung einer entstandenen Feuersbrunst zu verhüten. In dieser Absicht ist er nachahmenswerth, indem eine Flamme, so an das auf solche Art bestrichene Holz anschlägt, nicht so-

sogleich in das Holz selbst eindringen, und selbiges in Brand setzen kann, wodurch also die Fortpflanzung des Feuers aufgehalten werden muß. Es sind auch von dieser Würkung auf Kosten der Churf. Leipziger Oekonomischen Societät Versuche angestellet und der Erfolg der Erwartung gemäß befunden worden. Wieglebs Magie Iter Band.

9.

Wie auf eine vortheilhafte Art Backöfen unten mit einer eisernen Platte anzulegen sind.

Diese Backöfen werden auf die gewöhnliche Art aufgeführet. Der Boden des Ofens aber oder der Heerd, wird nachdem seine Tiefe mit Grieß oder Sand ausgefüllet, mit zwei nach des Ofens weite bestellte und gegossene eiserne Tafeln, welche nebeneinander zu liegen kommen, und höchstens 1 1/2 Zoll dick sind, belegt. Auf den Boden eine Viertheilelle von einer Seite des Ofens, setzt man längst des Ofens hin eine breite eiserne Stange, welche auf die schmale Seite gesetzt, und mit beiden Enden in den Mauren des Ofens befestiget wird, und worauf die Stücke Holz gelegt werden, die im Ofen brennen sollen.

Man muß aber diese eiserne Heerde nicht unter den Wiederlegern des Gewölbes einmauren, oder auf andere Art an die Mauer befestigen: denn weil sie sich von der Hitze gewiß stärker ausdehnen als die Ziegel, so würden sie sicherlich den ganzen Ofen zerstören, weil sie sich oft werfen und beugen. Man braucht 2 oder mehr Tafeln, nach der Größe des Ofens, damit man sie nachdem der Ofen schon fertig ist, hineinlegen, und die Verbrandten herausnehmen kann.

Man heitzt diese Oefen nicht allzustark, oder man läßt sie nach dem ersten Einheitzen etwas abkühlen, und wenn man die Wärme brauchen will, streuet man bei dem ersten Backen dünne Asche darüber, aber nachgehends sucht man nur Wärme über dem Brodte zu erhalten, welches folgendergestalt geschiehet: Anstatt daß das Ofenloch gewöhnlich höher als der Heerd angelegt wird, macht man es hier ihm gleich, vermittelst einer auf der schmalen Seite stehenden eisernen Stange, wodurch man zwischen der einen Seite des Ofens und dieser Stange einen Raum erhält, in welchen das Holz zum Backen ein Stück nach dem andern während des Backens hineingeworfen wird. Die Kosten dieses Backofens sind sehr geringe, in Vergleichung des Nutzens welchen er hat in der Ersparung des Holzes und bessern Backen des Brodtes. Abhandl. der schwedischen Akademie der Wissenschaften XXIIter Band.

Dritter Theil.

Von chymischen Erfindungen und Kunststücken.

1.

Aus sauren und unzeitigen Trauben einen sehr guten Wein zu machen.

Man nimmt saure und unreife Trauben, wie solche gewöhnlich bei schlecht ausfallenden Weinlesen und in schlechten Lagen gefunden werden, keltert solche wie gewöhnlich, und läßt in diesen Most so viel Zucker auflösen, daß er den Geschmack eines ziemlich guten süsen Mostes erhält, hierauf läßt man solchen an einen schicklichen Orte gähren; alsdann wird man nach der Gährung einen guten Wein haben, welcher ungemein helle auch selbst noch vor dem ablassen wird, ein glänzendes Ansehen hat, der von einem angenehmen Geschmack ist, ohne nach Zucker zu schmecken, stark und hitzig, kurz der einem guten Wein der in einer guten Lage und in einem guten Jahre gewachsen, gleich ist. Macquers chymisches Wörterbuch Vter Theil.

2.

Wie allerlei Gattung gute ausländische Weine als Champagner, Burgunder, Ungarische, Spanische, und dergl. durch die Kunst können nachgemacht werden.

Burgunder Wein ahmet man nach, wenn man rothen Most und Wein durch Frost koncentriert, und einen Theil des Mosts mit drei theilen Wein vermischt, gähren und ein bis zwei Jahre alt werden läßt. Hat man keinen rothen Most und Wein, so koncentriert man weisen Most und Wein durch den Frost, vermische sie in obiger proportion, lasse sie mit einander gähren, thue im ersten Sommer etwa einen zehntheil des Safts von ausgekernten schwarzen Kirschen dazu, und lasse den Wein auch bis zwei Jahre alt werden.

Einem mousirenden Champagner Wein wird folgenden Wein ähnlich, wenn man einen Theil durch den Frost koncentrierten Mostes, mit drei Theilen eines durch den Frost koncentrierten Weins vermischt, sobald er im Faß sich abgehellet, ihn auf Boutellen zieht, und etwa vier Monat aufbehält.

Die Italiänische Weine werden nachgeahmet, wenn man drei Theile vom zusammenmengefrornen Most, mit einem Theil durch den Frost koncentrierten Weins gähren und im Fasse sich aufhellen läßt.

Spanische Weine sind ein gefangener abgehellter Most von sehr zeitigen Weintrauben. Man lasse also die Trauben abwelken, presse daraus den Most bei sehr starker Kälte, lasse denselben zusammen frieren und hernach im Faße aufhellen.

Der ungarische Wein wird nachgeahmet, wenn man gefrorenen Most und gefrornen Wein, von jedem gleich viel vermischt, und ein bis zwei Jahre liegen läßt. Er wird recht stark, wenn man den mit gefrornen Most zu vermischenden Wein zweimal hat frieren lassen. Wieglebs Magie Iter Band.

3.

Aus den Johannistrauben einen sehr guten dem Champanger gleichen Wein zu machen.

Man nimmt gute reife Johannisbeeren, oder auch halb Johannis und halb Stachelbeeren, saubert sie von den grünen Stielen, und drückt sie, in Ermanglung einer Presse oder Kelter auf einem schmalen Brete, durch einen Bentel von starkem Leinwand, vermittelst

telst eines Stockes aus, so wie man den Honig auszupressen pflegt. Wenn die Beeren gehörig ausgepreßt sind, werden eben so viel Quarte reines Quell- oder Brunnenwasser zu dem Safte gethan, als dieser beträgt. Auf jedes Quart dieser halb aus Saft und halb aus Wasser bestehenden Masse, kommen alsdann anderthalb Pfund Melis- oder anderer schlechter Zucker. Gedenkt man aber diesen Wein in Zeit von einem Jahre zu verbrauchen, so kann man allenfalls nur ein halb Pfund Zucker zu jedem Quart nehmen. Diese Masse muß alsdann auf ein vorher wohl gereinigtes und mit einer Mußkatennuß ausgebranntes Fäßchen gethan, der Zucker aber erst in kleine Stücke zerschlagen, und sodann mit der Masse zugleich in das Fäßchen geschüttet werden. Wenn das Fäßchen voll ist, bringt man es in einen Keller, und legt es auf ein festes Lager, wo es ohne die geringste Bewegung still liegen muß. Nach Verlauf einiger Stunden, oder längstens den anderen Tag, wird dieser Wein zu gähren anfangen. Wenn er völlig ausgegohren hat, füllt man das Fäßchen mit der deswegen zurückbehaltenen Kanne (Maaß) von dieser Masse wieder voll, und macht es mit dem Spunde wieder zu, doch so, daß es nicht ganz fest verspundet, sondern dem Fäßchen etwas Luft gelassen werde, bis man das rauschen nicht mehr hört. Alsdann erst wird der Spund fest hinein getrieben, und das Fäß-

chen

chen auf diese Art hinreichend verwahret, dieser Wein bleibt nun auf dem Fasse ohne im mindesten angerühret oder bewegt zu werden, bis zum Febr. des folgenden Jahres liegen, da er dann auf Bouteillen gezogen werden muß. Bei dem Abziehen selbst hat man folgendes genau zu beobachten: 1) daß man diesen Wein nicht durch gewöhnliche Hahne sondern mit einer Federspul abzapfe; 2) daß man sich hüte, das Faß nicht zu nahe an den untern Ge[illegible], auf welche es liegt, anzubohren, damit nichts trübes auf die Bouteillen komme, daher man am sicherste[n] verf[ahre], wenn man anfänglich das Faß nahe an der Mitte anbohret, und nachdem es so weit abgelaufen ist, in so fern der Wein noch helle ist, wieder einige Zoll tiefer anbohret, und mit dieser von Zeit zu Zeit fortrückende Ausbohrung so lange fortfähret, bis der Wein trübe zu werden anfängt; die Bouteillen werden wohl gereiniget, und den Tag zuvor mit etwas Franzbrandewein ausgespühlet, alsdann aber umgekehret werden, damit von dem Brandewein nichts in den Bouteillen zurück bleibe. Ist nun der Wein abgezogen, so darf man die Bouteillen nicht feste zustopfen, ob sie gleich wohl verwahret werden müssen, weil sie durch sehr festes zustopfen ohnfehlbar zersprengt werde[n]. Nach einigen Tagen, wenn man gar keine Bewegung mehr in dem Wein bemerket; kann man die Bouteillen völlig feste zustopfen, und dieselbe fein behände auf trock-

[illegible] nes

nes Holtz im Keller setzen. Ein auf diese Art zubereiteter Wein, ist oft von den größten Kennern, dem feinsten Madera vorgezogen worden, als mit welchem er eine sehr grose Aehnlichkeit hat. Es ist bei der Aufbewahrung des Johannisbeerweins noch zu merken, daß wenn der Johannisbeerstrauch in der Blüte stehet, dieser Wein etwas aufbrauset, und man alsdann durch Lösung der Propfen, denselben ein wenig Luft machen müsse, auch dürfen die Boutellien niemals weiter als bis an den Hals voll seyn. Von Schütz. Auszüg aus Krünitz Encyclopödie 8ter Band.

4.

Wie man ein Gefäß von gemeinem Glase mit Beibehaltung seiner Form, in eine Art Porzellan verwandlen könne.

Man stellet ein Gefäß von gemeinem grünen Glase in einen weiten geräumigen Schmelztiegel, und umschüttet es mit einem Gemische von Sand und Gips; auch inwendig in das Glas muß man von diesem Gemische schütten, und etwas derb zusammen drücken: Sodann deckt man einen Deckel auf den Tiegel, verstreichet ihn, und setzt ihn in einen töpfern Ofen worinnen er den ganzen Brand durch stehen bleiben muß. Nach dieser Zeit wird das ganze Gefäß ein porzellänartiges Ansehen erlangt haben. Das Gemenge von Sand und

und Gips kann zu dergleichen Absicht noch ferner fortgenützt werden. Dieses Porzellän siehet auf dem Bruche fasricht aus; als wenn es aus lauter seidenen Fäden bestünde; es hat auch gar nichts glattes und glänzendes an sich, wie das Glas, ist ungemein hart, und giebt mit dem Stahle Feuer. Wiegleb Magie IIter Band.

5.

Eine Seife aus der Farrenkrautasche zu machen.

Man sammle das Farrenkraut häufig, wie Heu in die Scheure, und wenn es trocken und still Wetter ist, macht man eine Grube nach der Größe des gesammelten Farrenkrauts, und brennet es darüber zu Aschen. Diese Asche wird gesammelt, und mit Lauhenwasser vermengt, worauf man Kugeln daraus macht, so groß als man in der Hand halten kann, und alsdann das Mengsel auf Bretter legt, und trocknet, worauf es bei der Wäsche statt der Seife gebraucht wird. Diese Kugeln halten sich nicht nur lange, sondern die Wäsche wird auch davon ganz weiß, und bekommt keinen unangenehmen Geruch wie von der Seife oft geschiehet, wenn man solche nicht rein auswäscht. Man entgehet auch dadurch der schädlichen Gewohnheit, die Wä-

sche

she zu Mästen. Abhandl. der schwedischen Akademie der Wissenschaften 4ter Band.

6.

Den Fruchtbrandewein dermaßen zu veredlen, daß er dem Franzbrandewein ähnlich zu seyn scheinet.

Man thut mit dem zu destillierenden Brandewein, auf jede vierzehn Quart anderthalb bis zwei Quart frische Milch, und fünf Pfund frisches und von allem Fette gereinigtes Rindfleisch, zugleich in den Kessel, und nimmt den zuerst abgehenden Spiritus, welcher allen Korngeschmack mit wegnimmt, davon; so wird aller übriger Brandewein völlig ohne allen üblen Nachgeruch und ein angenehmer Brandewein sein; welchen man zu gleichen Theilen mit stark versüßtem Zuckerwasser vermischen muß. Die im Kolben zurückgebliebenen Rest der Milch und des Fleisches haben den Korngeschmack im höchsten und eckelhaftesten Grad an sich. Von Schütz Auszug aus Krüniz Encyclopädie 2ter Theil.

Dem Kornbrandewein den üblen Geschmack zu benehmen, ist das beste Mittel, daß man auf eine Läuterblase voll Brandewein, bei der ersten Läuterung 3. 4. bis 6. Händevoll gesiebte Aschen, nebst etlichen Händen voll Salz, nach der Gröse der Blase, zu

dem

dem Brandwein schüttet, und ihn darüber abziehet. Die letzte Rectification kann alsdann ohne fernern Zusatz vorgenommen werden, wobei man einen reinen Geist erhalten wird. Wieglebs Magie Iter Band.

7.

Versuche die Korken oder Stopfen auf Bouteillen und Krüge so zuzurichten, daß die Ausdünstung gehindert, die Luft abgehalten wird, und ätzende Säuren nichts darauf vermögen.

Man nehme weisses unvermengtes Wachs, entweder solches, wie in der Sonne ist gebleicht worden, oder das sogenannte Jungfernwachs, das sich in verlassenen Bienenstöcken befindet, und durch die Bienen selbst vom Honig und andern fremden Theilen ist gereiniget worden, die das gelbe Wachs hierzu undienlich machen. Dieses wird mit eben so schwer wohl geläutertem Rinds- oder Bockstalg zusammen geschmelzt. Rindstalg ist vorzuziehen, weil er fetter ist. In dieses geschmolzene werden zwei oder dreimal wohlgeschnittene Korken von guter Art eingetunkt, nemlich solche, die weich und nicht spröde, oder voll Gruben sind, welche erste Sammet-Korken genannt werden. Nach jedesmalisgem Eintauchen werden sie mit dem kleinen Ende aufwärts auf ein steinernes Gefäß, oder einer eiserne Pfanne gestellt, und sie wohl am Feuer oder in gehörig heisen Backöfen, oder auch in einem Stubenofen wo das Feuer nur ausgegangen ist, gewärmet, und sie so stehen gelassen, bis dieses Mengsel ausgetrocknet ist, und ihre Oefnungen und Zwischenräume verstopft hat.

Diese Schmiere desto besser in den Kork zu bringen, kann man zuvor in den unteren Theil verschiedene Stiche mit einer Nadel thun, zumal bei solchen, welche zur Verwahrung scharfer Säuren dienen sollen, zuletzt werden sie der Reinlichkeit wegen mit einem wollenen Lappen abgerieben.

Man kann sie auch in diesem Mengsel kochen, wodurch sich davon noch mehr hinein ziehet; aber sie verlieren dadurch zum Theil ihre Weiche, und bleiben zuweilen nicht mehr rund, da außerdem nicht nöthig ist, daß sich so viel hineinziehet, so kann man mehr bei der vorigen Art bleiben.

So lassen sich in kurzer Zeit eine Menge Korke zurichten, und wenn man sie von einer solchen Lage aussucht, daß man sie noch fassen kann, wenn sie tief genug eingedruckt sind, so kann man dabei den Korkenzieher entbehren, welcher sie bald verderben würde. Sie lassen sich solchergestalt leicht ausziehen und lange gebrauchen. Mit solchergestalt zubereiteten Korken, wobei das Harzen und Ueberbinden mit einer Blaße völlig unnöthig ist, kann man die flüchtigsten Sachen als Naphta Nitri, Spiritus Vini rectificatissimi u. s. w. auf lange Zeit bewahren, daß sie nicht ausdünsten. Abhandlungen der schwedischen Akademie der Wissenschaften XXIVter Band.

8.

Wasser sehr lange frisch zu erhalten, und für Fäulniß zu bewahren.

Man nimmt zu einer Kanne Wasser welche etwa aus 80 Unzen Wasser bestehet 16 bis 17 Tropfen Acidum Vitrioli concentratum, zu einem Faß von 72 Kannen Wasser nimmt man zwei Unzen Acidum Vitr. concentratum. Dies thut man in frisches Quellwasser, da es dann wohl länger als 16 Monate vor Fäulniß bewahret, und sich eben so frisch erhält, als es geschöpft worden, dies hat sich durch Versuche von langen Seereisen durch allerlei Jahreszeiten und Climaten bewähret. Abhandlungen der schwedischen Akademie der Wissenschaften IIter Band 1781.

Auf eine andere Art geschiehet solches, wenn man das Faß, worinnen man das Wasser aufbehalten will, mit heißem Wasser wohl ausbrühet, hernach solches mit einem Stück

Schwefel aufbrennet, so wie man auch die Weinfässer schwefelt. Alsdann gießt man das Wasser welches man aufbehalten will in das geschwefelte Faß, auf solche Art hat Deslandes ein halb Jahr Wasser aufbehalten, ohne daß es verdorben ist. Amerkungen über alle Theile der Naturlehre aus den Engl. Transactionen und der Academie der Wissenschaften zu Paris IIter Theil.

9.

Die Luft von faulen schädlichen und tödlichen Ausdünstungen zu reinigen.

Man nimmt ein groses gläsernes Gefäß setzt es in einen grosen eisernen Kessel der auf dem Boden etliche Zoll hoch mit Asche beschüttet wird, schüttet in das Glas 6 Pfund feuchtes Kochsalz, nebst 2 Pfund Vitriolöl, hierauf setzt man den eisernen Kessel mit dem Glase und den Materien auf ein Kohlbecken an den Ort wo die Luft soll gereiniget werden, und verschließt zugleich fest alle Thüren und Fenster. So wird eine starke Dampfsäule hoch empor steigen, wodurch die Luft vom allem Gestank und schädichen Dünsten gereiniget werden wird.

Die sechs Pfund Kochsalz und zwei Pfund Vitriolöl, braucht man wann es ein groser Ort, oder eine Kirche ist, worinnen die Luft soll gereiniget werden, sonst um einen kleinen Ort etwa eine Stube oder Kammer zu reinigen, braucht man nach Proportion weniger, jedoch so, daß zu drei Theilen Kochsalz, ein Theil Vitriolöl genommen wird. Wieglebs Magie IIter Band.

Auf eine andere Art: die unreine verdorbene und ansteckende Luft in den Spitälern, Kerkern und bei ansteckenden Seuchen zu verbessern ist diese: daß man die Wände und Fußböden der Häuser mit Kalkwasser wohl auswäscht und scheuert, nachdem vorher die böse Luft aus den Zimmern vertrieben ist, durch Abdampfung von Essig über aromatische Kräuter, als Raute, Lavendel und ungelöschten Kalk gegossen.

Es dienet auch hierzu der Dampf von Weineßig. Es ist aber besser wenn man selbigen auf Kohlen kochen und verdünsten läßt, als wenn man solchen bloß auf Kohlen oder heiße Steine spritzt. Ist der Weineßig gar zu scharf, so muß er mit Wasser vermischt werden, wann er soll seine Würkung thun.

10.

Beschreibung wie eingelegte Arbeit in Marmorscheiben, zu Tischen und anderem Hausrath gemacht wird.

Die Marmorscheibe oder die Tafel, worauf die eingelegte Arbeit soll gemacht werden, muß von dunkler Farbe und wohl polieret seyn. Mit guten feinen Meißlen arbeitet man darinnen einen halben Finger, oder weniger tief, das Feld aus, daß mit dem eingelegten soll erfüllet werden, eben so weit und groß als die Zeichnung angiebt, z. E. zu Charten, Schaupfennigen und Maßken, Briefen, Musiktabulaturen, Kämmen, Muschlen Rosen u. d. gl. Man braucht dazu zweierlei Meisel, die vorne gut und hart gestählet sind, den einen mit einer scharfen Spitze auf einer Seite, den man grade und genau nach dem Umzuge der Figur oder Fläche führet, die auf dem Marmor soll ausgebreitet werden, den andern ebenfalls scharf aber abgerundet, damit auszuarbeiten, was sich innerhalb des Umkreises befindet.

Die Griffe dieser Meisel sind von Holz, es müssen auch hölzerne Schlegel da seyn, mit denen man der Gewohnheit nach, auf diese Griffe schlägt. Diese Arbeit des Aushauens, kann zwei oder drei Tage täglich vier Stunden dauren, wenn 6 oder 8 Zeichnungen zu verfertigen sind.

Nachgehends nimmt man feinen und im Feuer leicht zerspringenden Spat, legt ihn auf eine eiserne Platte zu calcinieren, der dann genug gebrannt ist, wenn man ihn zwischen den Fingern zerreiben kann.

Diesen Kalk stößt man in einem eisernen Mörsel ganz fein, und siebt ihn durch einen dazu gemachten Haarsieb; was durch das weitere Sieb abgesondert wird, vermengt man mit gekochtem Leimwasser, und füllet damit nach und nach alle die ausgehauene Flächen an, daß sie ganz voll davon werden; man legt auch bei jeder Füllung, die man gemacht hat, ein Stück Leinwand und streicht mit der Hand darüber, so daß die Oberfläche der Füllung eben, und der Ebene des Marmors gleich wird. Das Leimwasser das man braucht, muß auch recht zubereitet seyn; denn je mehr Leim darinnen ist, desto schneller trocknet es, und desto härter wird es.

Dieser Grund welcher aus dem gröbern Pulver gemacht ist; dienet nur als ein Feld vor die Arbeit, welche darauf mit dem feinen Pulver soll gemacht werden; denn diesen ganze Grund wird wieder ausgeschnitten, und wenn er mit der Tafel Horizonte gleich geebnet ist, welches anfangs mit der Schärfe eines Messers geschiehet womit ein Theil abgeschabt wird, und nachgehends durch polieren mit Bimsstein und Os Sepiae, worauf man mit einem Schwamm mit Wasser darüber fähret, so wird erstlich darauf abgezeichnet, was man da machen und einlegen will. Z. E. wenn man eine Karte bilden will, so nimmt man eine ordentliche Karte, und durchsticht sie nach allen Figuren mit einer Nadel, darnach streuet man Menninge auf sie, und legt sie so auf den weissen verfertigten Grund und an ihre Stelle, da dann das rothe Pulver durch die Löcher fällt, und alles auf dem Grunde abgezeichnet was auf der Karte zu finden ist, welches man alsdann mit dem Bleistifte nachzeichnet, auch die Seiten, und die Grösze der Karte bemerkt, auch etwas mehr Karten abbildet, und nach Gefallen, oder nach dem Platze auf dem gemachten Grunde zusammensetzt.

Nachdem der Riß gemacht ist, gräbt man den gemachten Grund mit kleinen Eisen aus, ein Stück nach dem andern genau wie die Zeichnung oder Figur anweiset und man haben will, und füllet nachgehends den Raum mit einer Composition von dem feinen weisen Pulver, und den Farben aus, die man verlangt. Diese Komposition wird in der Hand wie ein Teig gemacht, wozu man einen kleinen Spatel oder eine Mauerkelle braucht, und so knetet man den Teig zusammen, welches gleichfalls mit Fischleimwasser geschiehet, das mit Wasser vermengt wird, ohngefähr 1/20 mehr oder weniger, nachdem man die Composition hart haben will. Dieser kleiner Spatel, oder diese Mauerkelle, ist auch besonders nützlich die Composition an ihren Stellen einzulegen, sie auszubreiten, und derb niederzudrücken.

Es sind vier Grundfarben mit denen die Compositionen vermengt und gefärbt werden, wel-

welches wie gesagt, mit der kleinen Mauerkelle und in der Hand geschiehet. Die erste, zum Schwarzen ist ein feiner Kühnruß, die andere Vermillion oder Zinober zum rothen: die dritte Auripigment zum gelben: die vierte Indig, zum blauen. Alle Zwischenfarben werden durch vorerwehnte Vermischung gemacht, und die Farbe dadurch erhöhet, daß man mehr oder weniger von diesen Farben dazu nimmt, z. E. Grün wird aus blau und gelb zusammen gemacht. Die Farben werden in die Hand gelegt, und mit dem weisen feinen Pulver vermengt, welches zweimal durch das enge Sieb gegangen ist, imgleichen mit dem Leimwasser, bis sie die verlangte Härte haben. Will man Indig und Lackfarben brauchen, so muß man sie einen Tag zuvor in kleinen Stücken ins Wasser legen, sonst wird das wozu man sie braucht nicht hart, weil sie viel Salz in sich haben.

Zuerst legt man den schwarzen Satz oder Composition ein, wo man schwarz haben will, nachgehends den rothen, darauf den gelben, grünen und blauen, und zuletzt den weisen; denn es ist eine Regel, daß das Weisse keiner Farbe schadet. Werden aber die Farben nicht in dieser Ordnung eingelegt, und so nach und nach trocken gelassen, so leiden die Farben welche man zuerst einlegt, Schaden von dem folgenden, oder von ihren Sätzen.

Dieserwegen muß die gegebne Ordnung genau beobachtet werden, da man dann den Vortheil hat, daß es nicht darauf ankommt, ob etwa in den folgenden Farben auf eine der Vorhergehenden kommt, denn sie gehet nach diesem aus, wenn alles polieret, und nach der Fläche der Tafel geebnet wird.

Wie das erste Einlegen gemeiniglich etwas locker wird, so streicht man den andern Tag eben den gefärbten Satz wieder darüber, je feiner aber das Pulver dazu ist, destoweniger Zwischenräume bleiben alsdann, und desto bessern Glanz bekommt er. Der weisse Satz muß aus dem feinsten Kalkpulver bestehen, und nachgehends muß alles zusammen mit Bimstein und Os Sepiae polieret werden, da man darunter gleich mit Wasser in einen Schwamme folget, bis alles dem Marmor, oder der Tafel völlig gleich geworden ist.

Etwas zu machen das aussehen soll als wäre es von Helfenbein, wie ein Kamm oder Schaupfenning u. d. g. bedient man sich etwas weniges Auripigmentes, das oben aufgestrichen wird; schwarze Ränder und Schatten macht man mit Tusche, vermittelst eines feinen Pinsels, diese Tusche zieht sich ziemlich tief ein, welches daraus erhellt, daß sie durch das polieren nicht abgehet. Rothe Oblaten zu machen braucht man dazu spanisch Lack, welches eine dazu dienliche Farbe ist. Man kann auch trockne Kompositionen von allerlei

Far-

Farben nehmen, und zu Sande stoßen, welcher unter die Compositionen gemengt wird, die man einlegt wenn man etwas sprenglicht oder glimmricht haben will. Marmor und Agatarten lassen sich ebenfalls nachahmen mit allen ihren Rändern und Adern, daß sie fast nicht von den natürlichen zu unterscheiden sind, und da macht man die Sätze von unterschiedlichen Farben, die man unter einander mengt, aber gleichwohl so, daß sie nicht sehr zusammen geknetet werden, manchmal füllt man auch damit einen Platz der dazu ausgegraben ist, und streicht nur mit dem Spatel darüber daß die Ränder von unterschiedlichen Farben nach einander zu folgen kommen, wie ihre Ordnung in der Art seyn mag die man nachahmen will. Rosen zu machen ist schwerer und zugleich kostbarer als was anderes, denn man nimmt Carmin dazu, welches eine sehr durchdringende Farbe ist, und aus der Erfahrung muß man gelernt haben, wie viel oder wie wenig derer zu brauchen ist, denn durch Beimischung des weissen Salzes wird wohl die Farbe zu viel oder zu wenig roth gradiert; aber die eigentliche Farbe die entstehet, zeigt sich nicht eher bis alles trocken ist; daher muß man gemeiniglich darnach es damit zur Gleichheit bringen.

Zuletzt überreibt oder polieret man alles, und alsdann auch die Tafel selbst mit feiner Zinnasche in ein Tuch gebunden, und giebt dem Marmor mit Kohlen wieder Glanz, damit

mit man ihn reibt, und endlich nimmt man Olivenöl und die helfte Terpentingeist welche man zusammenmengt. Man kann auch Terpentingeist allein nehmen, und damit die ganze Tafel nebst der Zeichnung darauf überstreichen, weil er sich in den Marmor ziehet und gleichfalls alle Farben erhöhet, worauf man es solchergestalt 2 oder 3 Stunden trocknen läßt.

Wenn diese Arbeit angestellt wird legt man die Tafel in welcher das Einlegen geschehen soll, auf eine Bank, da man bequem auf allen Seiten herumgehen kann, und so oft man von der Arbeit gehet bedeckt man sie mit einem Tuche daß kein Staub darauf fällt. Sonst was die Arbeit selbst betrift wird sich alles besser durch die Uebung lernen als aus der Beschreibung, denn nachdem man einigemal Hand angelegt hat, verrichtet sich das Aushauen sehr leicht, wobei sowohl als bei dem Ausgraben vornehmlich in acht zu nehmen ist, daß die Ränder recht genau werden. Das Anlegen der unterschiedenen gefärbten Sätze ist auch nicht schwerer, wenn man beobachtet, welche Farbe eher oder später müssen angelegt werden; denn es kommt alsdann nicht so genau darauf an, ob man etwas auf die Seiten herumstreicht, weil solches durch das poliren weggehet. Eine solche Tafel zu verarbeiten wenn man täglich 4 Stunden damit zubringt, erfordert etwa fünf Wochen Zeit, bis sie fertig ist. Abhandlungen der

schwe-

schwedischen Akademie der Wissenschaften XXVter Band.

II.

Ein Tischblatt von gefärbten Gypsmarmor zu machen.

Man läßt ein halb Pfund von dem besten englischen Leim in sechs Quart Wasser zergehen und kochen, um ein leichtes Leimwasser zu erhalten, womit man den Gyps anrühret. Von diesem mit Leimwasser angerührten Gyps welcher eine oder zwei Stunden lang weich bleibt, vermischt man einen Theil mit einer beliebigen Farbe a) die man vorher

a) Zum färben dieses künstlichen Gypsmarmors werden sowohl Saft- als Sandfarben, und insonderheit diejenigen gebraucht, die sich polieren lassen. Unter den gebräuchlichen Sandfarben ist der Zinnober, Lack, Schüttgelb, Operment, Rauschgelb, Indig, Umbra, Kühnruß, von den Saftfarben die aus Brasilienholz in Wasser ausgekochte Farbe, Lackmuß, in Alaun gekochte Attichbeeren, in Essig gekochter Nachtschatten, Saftgrün, Safran, Gummigutt und dergl. Die Sandfarben werden nur mit Wasser klein gerieben und unter den Gyps, nachdem er mit gemeinen oder auch Leimwasser angemacht worden, gerühret. In die Saftfarben thut man etwas Leim, Gummi, Hausenblasen oder Pergamentwasser, und läßt sie darinnen zergehen.

Den

her zubereitet hat, und macht ein Häufchen daraus, welches man bei Seite setzt. Auf gleiche Art verfähret man in Ansehung aller derer Farben die man gebrauchen will, und macht von solchen Farben, welche in dem Marmor am meisten gesehen werden sollen, größere Häufchen.

Hierauf nimmt man einige Theile davon, und knetet sie zusammen, trennt alsdann alle diese Haufen wieder, zerbröckelt sie in kleine Stücker, und legt sie in eine große hölzerne Schüssel; nimmt alsdann feinen Gyps, worunter man aber ganz trocken, ein wenig Kienruß

Den Gyps Goldgelb zu färben. Man kocht Erbsenwurzel in Wasser, seihet es durch, thut etwas Safran hinzu, kocht es wieder, seihet es nochmals durch und macht damit den Gyps an.

Den Gyps grün zu färben. Hierzu nimmt man Operment und Indig vermischt.

Den Gyps roth zu färben. Man läßt rothes Brasilienholz oder Fernabuckholz und ein wenig Alaun mit Wasser kochen, und rühret damit den Gyps an, wenn es vorher durchgeseihet worden.

Den Gyps schwarz zu färben. Man kocht grüne Erlenrinde mit Wasser und Alaun, und verfähret damit auf vorgedachte Art.

rüß gemischt hat; bestreuet damit alle die Gypsstückchen welche man in gedachte Schüssel geleget hat, (man muß aber nicht zu viel auf einmal hineinlegen, und der Gyps muß nicht zu weich seyn, damit diese abgesonderten Stückchen nicht wieder zusammen kleben;) schüttet alles unter einander, und streuet von Zeit zu Zeit von diesem schwarzen Pulver darauf, bis dieser Haufe allerley Kieselsteine vorstellet, welche ganz schwarz aussehen und von verschiedener Größe sind. Hierauf macht man von dem feinen Gyps etwas mit einer Farbe an, welche den Grund vorstellen soll, und auf den Marmor den man verfertigen will, die Steinchen von einander trennet. Dieser Teig muß aber etwas flüßig seyn. Nachdem man denselben auf einen Tisch geschüttet hat und rüttelt sie unter einander, damit alle diese Steinchen von dem neuen Gypse angefeuchtet werden, und man sodann mit den Händen nachhelfen und eine einzige Masse daraus machen könne. Wenn man nun aus dieser Composition ein Tischblatt verfertigen will, muß man zuförderst auf ein starkes Brett, oder noch besser auf einen steinernen Tisch einige Leisten machen, welche dergestalt mit einander verbunden sind, daß sie die Gestalt des verlangten Tischblatts haben. Man schneidet hierauf mit einem langen und dünnen Messer einige Schnitte von dieser Composition ab, welche ohngefähr vier Linien dick sind, und legt sie auf gedachtes Brett oder den steinernen Tisch, welcher zum

Ma-

Modell dient. Es wird derselbe gänzlich mit diesen abgeschnittenen Stücken bedeckt, so daß kein leerer Platz übrig bleibt, und man drückt sie mit der Hand etwas aus einander, damit sie sich recht genau unter einander verbinden. Wenn die hölzerne Tafel mit dieser Composition völlig bedeckt und dieselbe noch weich ist, macht man den gröbern Gyps den man unterdessen bei Seite gesetzt hat, mit Leimwasser an, und füllet damit das Modell völlig aus. Alsdann legt man ein Bret darauf, und beschwert es mit groseh Gewichten, damit das Tischblatt sich bei dem Trocknen nicht werfe.

Wenn der Gyps nach zwei Tagen völlig trocken und hart ist, so nimmt man dieses Tischblatt von dem Brete herab, thut den hölzernen Rahmen hinweg, und wendet es um. Alsdann rührt man sehr feinen Gyps mit ein wenig Farbe an, macht einen Teig daraus, und streicht denselben mit einer Spadel auf die ganze Oberfläche des Blates, so, daß er ohngefähr eine Linie dick darauf liegt, und läßt den Anstrich ein paar Tagen trocken werden. Hierauf reibt man mit einem feinen Sandstein und fein zerriebenem und durchgesiebtem Sande das Tischblatt überall wohl ab, und gießt öfters Wasser darauf. Der äusserste geformte Rand wird auf eben die Weise mit kleinen Stücken von Sandstein, welche eben diese Form haben, geschliffen, damit er nicht Schaden leide.

Das

Das auf solche Art zubereitete Tischblatt stellet man auf, und wäscht es mit reinem Wasser ab, welches man reichlich darauf gießt, bis dasselbe recht sauber ist, und das Wasser alle Sandkörner, die noch zurückgeblieben seyn könnten, abgespület hat. Man läßt es ein paar Stunden abtrockenen, und überstreicht es zum zweitenmale mit obgedachter Composition, die man aber nicht so dick mehr aufträgt, und läßt sie 24 Stunden trocken werden. Sodann überschleift man das Blatt mit einem Wetzsteine, und befeuchtet dasselbe während der Arbeit häufig mit einem Schwamme, bis man den ganzen Anstrich völlig hinweg geschliffen hat. Hierbey aber muß man die Vorsicht gebrauchen, daß man diejenige Plätze, wo der Anstrich schon hinweg genommen worden, nicht mehr berühre. Wann dieses Abschleifen auch mit dem Rande vorgenommen worden, so wird das ganze Blatt polieret. Man überstreicht in dieser Absicht dasselbe zum drittenmale ganz leicht und dünn mit der erwähnten Composition, die man mit einem Pinsel auftragen kann. Wann dieser Anstrich recht trocken geworden, schleift man mit der einen Hand mit einem glatten Probierstein, und fähret mit dem Schwamme in der andern Hand immer über die geschliffene Stelle weg.

Nach dieser dritten Arbeit wird das Tischblatt einen gewissen Glanz erhalten. Um ihm die letzte Politur zu geben, überstreicht man dasselbe aufs neue mit einem in Leimwasser eingerührten Gyps, schleift es wieder, wäscht es wohl ab, und läßt es etliche Tage trocknen. Wenn es trocken genug ist, giebt man ihm einen Anstrich mit Baumöl, und wischt es zuletzt mit einem feinen leinenen Lappen ab, der Gyps wird auch anfänglich mit Bimsstein und Wasser, hernach mit gestossenem Trippel, und einem feinen Schleifstein, gelinde poliert, und endlich giebt man ihm mit starkem sämmischen Leder den Glanz. Einige nehmen auch starkes Seifenwasser, bestreichen den trockenen Gyps damit, und polieren ihn wenn er noch feuchte ist, mit einem großen Zahn, oder einem glatten dicken runden Glase. Andere nehmen gebrannte und gestossene Eyerschalen, streuen sie auf den Gyps, machen sie naß, und reiben also den Gyps mit Korck, oder einem harten Leder, bis er glatt und glänzend wird.

Der Gyps wenn er trocken ist, siehet gemeiniglich graulicht aus: daher man ihn mit folgender Beize recht schwarz machen kann. Man läßt braunes Brasilienholz, Galläpfel, Eßig, und ein wenig Alaun kochen, daß es dick wird, seihet es durch ein Tuch, und gießt hernach schöne Färberschwärze, welche etwas dick ist, dazu; und bestreicht damit den schwarzen Tisch etlichemal, so wird er, wenn er trocken geworden, blaulicht schwarz aussehen. Ueberschmieret man ihn hernach mit Baumöl, so wird er schön schwarz werden.

den: Andere vermischen Wasser vom ungelöschten Kalck mit etwas Scheidewasser, giessen dasselbe über wälsche Nußschalen, lassen es eine Weile stehen, und bestreichen damit vermittelst eines Pinsels ihren Gyps, so wird er schwarz.

Man muß sich hüten, auf solche Tische kein Wasser zu verschütten, wenn sie schon polieret sind, weil die Flecken, welche dadurch entstehen, schwer wegzubringen sind. Von Schütz Auszug aus Krünitz Encyclopädie 5ter Theil.

12.

Verschiedene Compositionen mit Gypsmarmor mit verschiedenem Grunde.

Zu einem Marmor dessen Grund meistens grün ist, macht man das erste Häufchen aus Gyps, Operment und Indig. Den zweiten Satz macht man von eben der grünen Farbe, jedoch dunkler, mit Gyps an. Den dritten Satz macht man mit Operment und Gyps, und endlich zuletzt mit weissem Gyps allein; legt es bey dem Marmor, macht die Häufchen zusammen, und schmieret auf jedes ein wenig Zinnober, der mit Gyps angemacht ist, streuet sodann Kühnruß, oder wohlgeriebenen und durchgesiebten Umber, oder eine andere dunkele Farbe dazwischen, und darüber, und drückt sie mit beiden Händen zusammen.

Zu einem Marmor, dessen Grund größtentheils roth seyn soll, giebt man erstlich dem Gyps mit Zinnober eine helle Fleischfarbe; dem zweiten Satz eine dunkelere Farbe mit mehr Zinnober. Drittens nimmt man ganz weissen Gybs, und viertens, Indig, ein wenig mit Gybs angemachet, streuet darüber Kühnruß, und verfährt wie vorgedacht.

Gypsmarmor, dessen Grund meistens rosenroth ist. 1) Kugellack dünn mit Gyps, als eine bleiche Rose gefärbt; 2) wieder dunkler mit mehr Kugellack gemacht 3) weisser Gyps allein 4) Kühnruß darüber gestreuet. u. s. w.

Marmor, dessen Grund meistens blau ist, 1) Indig hell mit Gyps. 2) Indig dunkler mit Gyps angemacht; 3) weisser Gyps allein, 4) Kühnruß darüber gestreuet u. s. w.

Marmor, dessen Grund meistens gelb ist, 1) Rauschgelb mit Gyps hell gemacht, 2) Rauschgelb dunkler, 3) Zinnober und Gyps, 4) weisser Gyps allein, 5) Kühnruß.

Eine besondere Art von Marmor. Man bricht ganze Eyerschalen in drei oder vier Stücke; mischt Nürnberger Goldstreusand, oder andere Streuglanz, desgleichen allerhand

Feilspäne von Meßing und Kupfer unter einen bunden Gyps thut denselben in eine Tischform, läßt ihn trockenen, und polieret ihn gehörig.

Einige verfahren mit dem Gypsmarmorieren folgendergestalt. Sie machen ihren Gyps mit dünn Leimwasser an, welches mit Hausblasenwasser vermischt ist; tragen alsdann die mit dergleichen Wasser angemachte Farben mit einem Pinsel auf den Gyps, und ziehen also auf den nassen Gyps allerlei Adern nach belieben.

Säulen und Kugeln zu marmorieren. Nachdem man dieselbige von leichtem Holz verfertigen lassen, und darinn entweder nach Gefallen gehauen, oder kurze Nägel von Eisen oder Holz eingeschlagen, damit der Gyps an denselben halten könne, trägt man den Gypsmarmor einen guten Fingers dick darauf, streicht ihn mit einem breiten Messer fein gleich, schabet ihn, wenn er trocken ist, vollends gleich, reibt ihn mit einem Sandstein glatt und polieret ihn. Von Schütz Auszug aus Krünitz Encyclopädie. 5ter Theil.

13.

den Jaspis nachzumachen.

Dieser künstliche oder nachgemachter Jaspis kan insonderheit auf folgende Art überaus schön zu wege gebracht werden. Man nimmt ungelöschten Kalk, weicht ihn in Eyweiß und Leinöl ein und macht daraus verschiedene Kugeln. In die eine thut man fein gepülverten Lack, sie roth zu machen, in die andere Indig, sie blau zu machen; in eine andere Grünspan, sie grün zu machen; und in die andere verschiedene andre Farben eine aber, oder zwey davon behält man weiß. Nachdem man alle diese Kugeln eine nach der andern so flach wie ein Teig zu einer Pastete gemacht und sie alle zusammen schichtweise übereinander her, und die weisse mitten hineingelegt hat, schneidet man mit einem Messer von diesen Scheiben die ganze Länge hindurch grosse Schnitte, und mischet dieselbe in einem Mörser untereinander, um sie darinn vollends recht klein zu zerstoßen, da man dann einen schönen Jaspis haben wird, welchen man hernach mit einer Mauerkelle, oder auch mit den bloßen Händen, auf die Säulen oder Tafel, welche man damit überziehen will, auftragen, und mit der Kelle so lange überstreichen und pollieren kann, bis man siehet, daß er darauf hängen bleibt. Wenn nun alles polieret ist, und man nicht hinlänglich Oel zu der Masse genomen hätte, so darf man dasselbe nur noch kochen lassen, und so siedheiß über die Materie hergießen, und es so lange darüber herrinnen lassen, bis es eintrocknet. Dieses Oel ziehet sich alsdann hinein und giebt diesem Jaspis einen vortreflichen Glanz. Wenn alles dieses geschehen ist, läßt man das damit überzogene Stück vollends im Schatten trockenen.

Um

Um schwarzen Jaspis nachzumachen, nimmt man Wasser, worin lebendiger Kalk abgelöscht worden, nebst Scheidewasser, und grüne Nußschalen, läßt diese darinn weichen, und vermischt alles mit einander. Alsdann streichet man diese Schwärze mit einer Bürste auf eine Säule, Tafel, oder dasjenige, was man auf Jaspis Art zurichten will. Wenn dieses geschehen ist, steckt man die Säule, also schwarz in einen Misthaufen, und vermischt jede von diesen Farben mit gedachtem Teige, nachdem man die Züge davon stark, oder schwach haben will; auch mischt man wohl noch etwas gemeinen Honig und Wasser von Arabischem Gummi darunter. Hierauf nimmt man jede Sorte von diesem Teige, welcher zum Theil dunkel zum Theil helle zubereitet ist, besonders, und macht daraus kleine eines Daumens dicke Röllchen, und rollet sie zwischen zwei wohl aufeinander passenden Brettern, um sie zu der Dicke zu bringen, wie man sie zum bestimmten Gebrauch haben will. Hernach legt man sie auf ein reines Brett, oder auf ein Papier, und läßt sie zwei Tage lang, aber ohne Feuer, und ohne Sonne austrockenen; zuletzt aber muß man sie, um sie vollends recht trocken zu bekommen, an die Sonne oder an das Feuer legen, da sie dann wenn sie getrocknet sind, zum gehörigen Gebrauche angewandt werden können. **Von Schütz Auszug aus Krünitz Encyclopädie VIIter Band.**

14.

Wie man aus einem geringen Weine einen guten geistigen Wein bereiten könne.

Der ganze Zweck bestehet darinne, daß man den schlechten wässerigten Weine die gehörige Proportion des süßen und geistigen Antheils gegen das Wässerigte verschaft, daß ihn eben dünn und schlecht macht.

Zuerst thut man in ein sauberes Faß, so einen Eimer hält, 10 Pfund in Stücken zerschlagenen Zucker, nebst 15 Pfund von schönen frischen Cibeben, wovon man alle Stiele sorgfältig abgesondert, auch alle Kerne heraus genommen hat, und füllet endlich das Faß mit Weine an: jedoch so, daß der vierte Theil davon leer bleibe. Das Spundloch verstopft man zwar, aber nicht fest.

Alle Tage schüttelt man das Faß ein paarmal, Morgens und Abends, wobey man den Spund mit der Hand zuhalten muß. Dies thut man die fünf ersten Tage. Zu Beförderung der Gährung kan man nach diesem 60 Tropfen Vitriolgeist und 100 Tropfen Weinsteinöl, jedes besonders ins Faß eintröpfeln, und nach Eintröpflung des erstern das Faß vorhero wohl umrütteln, ehe das letztere vollends hinzugethan wird. Man thut

diese

diese beide Dinge hinzu, der Wein mag in den ersten fünf Tagen gähren, wie er will. Gährt er aber in 10 bis 11 Tagen, von ersten Füllen an gerechnet, noch nicht, etwa weil das Faß neu ist, oder sonst aus andern Ursachen, so kann man von den beiden letzten Stücken abermals den vierten Theil so viel hinzu tröpfeln, und noch 3 bis 4 Tage warten. Erfolgt die Gährung darauf noch nicht, so kann man nochmals den vierten Theil von beiden hinzu thun. Dann wird die Gährung gewiß angehen.

Die Gährung soll überhaupt von ihrem ersten Anfange an 40 Tage lang dauren, und deswegen muß diese Zeit über das Faß an einen laulichten Orte liegen, und täglich umgerüttelt werden. Sollte aber die Gährung vor dieser Zeit aufhören, so stellet man sie durch eine kleine Portion von den vorerwähnten wechselsweise einzutröpfelnden Flüssigkeiten wieder her. Wenn der Wein während der Gährung bitter wird, so ist es ein gutes Zeichen.

Nach einer Gährung von 40 Tagen bringt man, um selbige nun zu mäßigen, und endlich gar zu unterbrechen, das Faß mit allem, was darinnen ist, an einen kühlern Ort in den Keller, und läßt es da ruhig liegen, bis sich die Hefen zu Boden gesetzt und der Wein hell geworden. Alsdann zieht man den lautern Wein in ein gutes reines, und mit

Schwefel wohl ausgebranntes Faß, und wartet seiner gehörig, wie anderer guter Weine. Das Zeichen der beendigten Gährung ist, wenn man das Spundloch mit der Hand schnell hinweg zieht, und alsdann kein Wind mehr heraus fährt, der die Flamme eines Wachsstocks auslöschte oder bewegt.

Will man die Abklärung des Weins befördern, so klopft man ein halbes Loth Hausblase, und läßt solches mit einem halben Nössel Wasser zu einer Gällerte kochen, drücket solche durch eine Leinwand, verdünnert sie mit etwas Wein, giesst sie ins Faß, schüttelt damit den Wein eine Weile recht durch einander, und läßt ihn damit etliche Tage stehen bis er sich wohl abgekläret hat. Hierauf läset man den Wein in ein gutes Faß ab.

Das Faß muß einen guten Schwefeleinschlag, oder wenn der Wein einem Kanariensect ähnlich werden soll, folgenden geistigen Einschlag bekommen. Man nimmt hierzu etliche Muskatennüsse, schneidet sie von einander, befestigt sie an einen Drath, und läßt sie nach und nach im Fasse verbrennen; darauf spundet man das Faß fest zu, und legt es verkehrt aufs Spundloch etliche Tage lang; alsdenn kehrt man es wieder um, öfnet den Spund, thut schnell, damit der Rauch nicht verfliege, einen Trichter, auf den eben deßwegen ein reines Tuch gebunden, und dessen Rohr damit es das Spundloch genau verschließt.

schliesst, mit Tuch umwunden ist, ins Spundloch fest hinein; alsdann giesst man den vergohrnen Wein durch das Tuch oben auf den Trichter ins Faß, doch daß das Faß nicht ganz voll werde, spundet es darauf zu, und läßt es also ein paar Wochen ruhig im Keller liegen. So bekommt man einen dem Kanarienseet ähnlichen Wein, wenn man besonders in der Hälfte der Gährung noch etwas mehrern Zucker zugesetzt hat.

Auf das, was in dem Fasse, worin der Wein gegohren hat, zurück bleibt, giesst man wieder andern Wein, den man verbessern will, nimmt aber keine Cibeben mehr, sondern nur um ein Fünftheil oder zwei Fünftheil weniger Zucker, und tractiret alles, wie es vorhin beschrieben worden. Ist dieser Wein wieder vergohren, und aus dem Fasse gethan worden, so giesst man wieder eben so das drittemal schlechten Wein darauf. Ist es Herbstzeit, so kann man noch das viertemal auf den Ueberrest im Fasse Most giessen, und ihn darüber vergähren lassen, der aber nach der Gährung im Keller länger liegen und ruhen muß, als ein also vergohrener Wein. Endlich brennt man aus den Hefen des Fasses noch einen Weingeist, der ungemein gut ist.

Auf solche Weise kann man alle geringe, auch kahnigte und halb verdorbene Weine sehr verbessern, daß sie den besten ausländischen

Wei=

Weinen gleichen. Man kann es zu allen Jahrszeiten thun, und in 6 bis 8 Wochen alles vollenden. Der Werth des Weines wird dadurch sehr erhöhet, daß ein guter Ueberschuß über die Unkosten erlanget wird. Die so verbesserte Weine sind dauerhaft, lassen sich gut verführen, sind stark, geistig, und sehr gesund. Wieglebs Magie Iter Band.

15.

Verschiedene goldfarbige Metallarten zu verfertigen.

Hier muß in allen Fällen das Kupfer den Grundstoff hergeben. Das Messing ist die erste bekannteste Sorte hiervon, und wird im Grosen bereitet; dessen Verfertigungsvorschrift gehöret also nicht hierher, diesem folgt der Tomback, der auch Prinzmetall oder Pinschback, nach der verschiedenen Farbe und Güte, so erlangt hat, genennt wird.

Erste Art.

Messing und Kupfer zu gleichen Theilen zusammen geschmolzen liefert ein sehr geschmeidiges Metall von einer blosen Goldfarbe.

Zwote Art.

Eine Unze Messing und anderthalb Unzen Kupfer geben ein sehr geschmeidiges, gold-

far-

farbigtes Metall, das man kaum vom Golde selbst soll unterscheiden können.

Dritte Art.

Eine Unze Messing und zwei Unzen Kupfer sollen ebenfalls ein sehr geschmeidiges Metall geben, von einer noch höhern Farbe, so daß es dem Golde noch mehr ähnlich seyn soll.

Vierte Art.

Man läßt in einen Schmelztiegel vier Unzen Kupfer zum Fluß kommen, und schüttet sodann eine Unze Zink, den man vorher in einem besondern Tiegel schmelzen hat lassen, hinzu. Man bedeckt das Gemenge sogleich mit einer Schicht Kohlenstaub, um die Kalcination des Zinks zu verhüten. Auf diese Art erhält man einen sehr schönen goldfarbenen Tomback, der dem Golde sehr ähnlich ist, und Manheimer Gold genennet wird, weil allda sehr viele schöne Arbeiten daraus verfertiget werden.

Fünfte Art.

Acht Unzen fließendes und mit Kohlengestübe bedecktes Messing und eine Unze Zink, geben gleichfalls ein Metall, von einer fast völligen Goldfarbe.

Sechste Art.

Acht Unzen Kupfer, und acht bis neun Unzen Zink liefern, mit Kohlenstaub bedeckt, gleichfalls ein Metall, das die schönste goldähnliche Farbe besitzt.

Siebende Art.

Man nimmt ein Loth von dem reinsten Zinn, in kleine Stücken zerschnitten, und sechzehn Loth dünne Bleche von reinem Kupfer, leget sodann das Zinn und die Kupferbleche lagenweise auf einander, verklebt den Tiegel wohl, und schmelzet es mit einem starken Feuer.

Achte Art.

Man sagt zwar gemeiniglich, das der Arsenick das Kupfer weiß mache. Nimmt man einen Theil Arsenick zu vier bis fünf Theilen Kupfer, so ist solches wahr: Nimmt man aber zu einem Theil Arsenik acht, zehn oder mehrere Theile Kupfer, so wird man allezeit ein mehr oder weniger gelbes Kupfer erhalten. Wiegleb Magie Iter Band.

Einen guten Semilor oder Pinschback der dem Golde sehr gleich kommt erhält man nach Lewis: wenn man 8 Theile Zink, 10 Theile Kupfer, und einen Theil Eisen zusammenschmelzt. Eben derselbe giebt ein

gold-

goldgleiches Metall an, welches man durch die Schmelzung eines Teiges, der aus 8 Theilen gereinigten Grünspan, 4 Theilen grauen Nichts, zwei Theilen Salpeter, einem Theile Borax, und aus so viel Oel als nöthig, bestehet, erhalten kann. Man kann auch den Kupferdrath mit grauem Nichts oder anderm Zinkkalkichten Substanzen und Kohlengestäbe cementiern, und ihn dadurch zu unächten goldenen Tressen brauchbar machen. Einige setzen dem Tomback woraus sie Schnallen und Löffel bereiten, auch etwas Wißmuth zu.

Man muß aber in Rücksicht des Semilors, noch dieses bemerken, daß man, wenn er recht schön und vorzüglich; recht geschmeidig seyn soll, einen recht reinen Zink dazu nehmen muß. Wenn man aber den Zink von der Beimischung mit andern Metallen reinigen will, so muß man, nachdem man den Zink in einem weiten Schmelztiegel in Fluß gebracht hat, wechselsweise Unschlitt und Schwefel, und zwar von dem letztern mehr als von dem erstern, darauf werfen. Ist der Zink rein, so bemerkt man, daß der Schwefel frei über selbigen abbrennt; ist er hingegen mit andern Metallen vermengt, so vereiniget sich der Schwefel mit den beigemischten Metallen, und macht mit ihnen eine Art von Schlacke, welche man wegnehmen muß. Man fähret auf diese Weise so lange fort, wechselweiß Unschlitt und Schwefel auf den Zink zu werfen, bis der Schwefel auf seiner Oberfläche gänzlich verbrennet, ohne

eine

eine Schlacke zu machen; da denn der Zink rein ist, und mit glücklichem Erfolge zu der Bereitung des Semilors kann gebraucht werden. Marquers chymisches Wörterbuch Vter Theil.

16.

Silberfarbigte Metallarten zu bereiten.

Auch hierzu ist gemeiniglich das Kupfer das vorzüglichste Stück.

Erste Art.

Man läßt unter einem gut ziehenden Kamin sechs Drachmen Kupfer mit einer halben Unze Arsenik und eben so viel fixem Alkali in einem Schmelztiegel fliesen. Man erhält zwar hierdurch ein annoch sprödes Metall. Man lasse aber solches nur noch viermal hinter einander mit eben derselben Portion Arsenik und Alkali schmelzen, und zuletzt noch einmal, ohne allen Zusatz vor sich selbst fliessen, und erhalte es dabei eine Zeit lang im Feuer; so wird man ein geschmeidiges weises Metall erlangen. Die

Zweite Art

erhält man, aus einem Pfund englischen Zinn, zwei Loth Spiesglaskönig, oder an dessen statt, eben so viel Markasite, und einem halben

ben oder ganzen Lothe Kupfer. Letzteres läs-set man zuerst schmelzen, wozu man dann den Spiesglaskönig oder das Markasit einträgt, und zuletzt das Zinn nach und nach hinzu fügt.

17.

Das sogenannte Musiv-Gold (Aurum mosaicum) zu bereiten.

Es wird ein Pfund englisch Zinn in einem Tiegel geschmolzen, und ein Pfund Quecksilber, das zuvor in einem eisernen Löffel heiß gemacht worden, bis es zu rauchen anfängt, in das geschmolzene Metall gegossen, und mit einem eisernen Stabe umgerühret. Wenn es kalt geworden, findet man eine Materie, die sich zerreiben läßt. Wenn selbige zu einem feinen Pulver gemacht worden, so mischt man ein halbes Pfund gereinigten Salmiak und eben so viel Schwefelblumen darunter. Das Pulver wird sodann in einen Kolben geschüttet, und selbiger in eine Sandkapelle gesetzet, die man nach und nach anfeuret, und etliche Stunden lang in einem mittelmäßigen Sublimirgrade das Feuer unterhält, bis man überzeugt ist, das nichts mehr vom Feuer aufgetrieben werden kann. In kleinen Portionen kann diese Arbeit in einem mit Sand angefüllten Schmelztiegel sehr bequem vollendet werden. Wenn nun nichts mehr sublimirt, so läßt man das Feuer abgehen, und zerschlägt das Gefäß, wenn es kalt geworden ist; da man denn im obern Theile des Glases eine salzige Materie, die vornemlich aus Salmiak bestehet, antrift; unter diesen befindet sich eine rothe Masse, die ein Zinober ist, der aus dem Quecksilber und Schwefel entstanden. Unten im Glase aber auf dem Boden befindet sich das Musivgold, als eine glänzende, goldfarbige und funkelende Masse, welche ohngefehr ein Zwölftel mehr, als das dazu genommene Zinn, am Gewichte wiegt. Lewis. Wiegleb Magie 1ter Band.

18.

Eisen mit einem wohlfeilen Fürnisse gegen den Rost zu verwahren.

Man lasse die eiserne Stücken, Nägel, Haken u. d. gl. welche man in Holz einschlagen muß, in Kohlen roth glühend werden, nehme es mit der Zange aus dem Feuer und reibe seine Theile mit Wachs, halte und wende das Eisen über dem Feuer, bis es zu rauchen aufhört, und dann lasse man es kalt werden, da den der Fürniß fester, als die gewöhnliche Bronzierung wird. Man reibe es nochmals mit Wachs, und halte es ans Feuer, so sind die Stellen dauerhaft gefürnißt, diejenige ausgenommen, wo die Zange es berührte, und nun verfähret man mit dieser eben so.

Wallrath, Sperma ceti macht, statt des Wachses, einen kupferfarbigen Fürniß auf Eisen von gleicher Dauer gegen das Rosten. Die festeste Bronzierung auf Eisen entsteht, wenn man ein rothglühendes Eisen mit Ochsenklauen und ein wenig Oel reibt. Zu großen Eisenstücken auf Schiffen ist es schon gegen allen Rost hinlänglich, wenn man die Eisenstücke glühend macht, und wenn sie roth glühen, in Leinöl taugt, wobei das Oel ganz und gar nicht explodiert. Man läßt es alsdann abtröpfeln, wischt es ab, und die kleine schwarze Rinde bewahrt es gegen allen Rost. Dieser Fürniß ist kein aus Oel gewordenes Harz, der Harz wird von Weingeist aufgelößt, dieses aber nicht, keine Oelkohlen, denn der Fürniß verbrennt im Lichte nicht, und er behält seinen Glanz, sondern er ist eine verglaßte Erde, die das Feuer aus dem Eisen und der Oelasche zu einer Art von alkalisirtem Glase brennt, aus dem alle Luft verjagt ist. Halle fortgesetzte Magie 11ter Band.

Vierter Theil.

Von Verfertigung einiger chymischer Kunstprodukte im Grosen.

I. Abschnitt.

Von Verfertigung der weisen Stärke.

Die weise Stärke (Amylum) wird fast allgemein aus Weizen verfertiget; es giebt zwar noch verschiedene andere mehligte Gewächse, woraus ebenfalls Stärke gemacht werden könnte; aber alle Produkte aus leztern müssen dem erstern, in der Güte sowohl, als in Ansehung des verhältnißmäsigen Preises, nachstehen. Diesemnach ist leicht zu beurtheilen, daß dieß Geschäffte nicht in allen Ländern, sondern nur da, wo der Weizen in erforderlicher Menge gebauet wird, mit Nutzen zu betreiben ist.

Wer ein ins Grose gehendes Geschäffte anfangen will, der muß auch die geringsten

Kleinigkeiten, die sich auf Gewinn beziehen, nicht vernachlässigen. Aus den unbedeutenden Kleinigkeiten entstehet durch die Vervielfältigung eine beträchtliche Gröse, sowohl in Rücksicht des Nutzens als Schadens. Dieser allgemeine Grundsatz kann gleich hier beim Einkauf des Weizens angewendet werden. Am großkörnigten und dünnhülsigten Weizen ist der beste Kauf.

Nach dem Einkauf besteht die erste Beschäftigung darin, daß der Weizen durch eine Rolle von Staube und zarten Sämereien gefeget werde. Darauf wird er noch in eigenen hölzernen Sieben, die aber keine Weizenkörner durchfallen lassen, in flachen Trögen mit Flußwasser angefüllt, gewaschen. Die zum vierten Theile mit Weizen angefüllte Siebe werden etwas ins Wasser gesenkt, und der Weizen mit den Händen so lange gerieben, bis das Wasser nicht mehr davon getrübet wird; dann spült man ihn nochmals mit reinem Wasser ab.

Anm. Schon diese erste Beschäftigung die bloß die äuserliche Reinigung betrift, erfordert viel, rein und weich Wasser, und eben so unentbehrlich ist solches bis ans Ende der Arbeit. Es müssen daher Stärkemachereien nothwendig an Flüssen die reines und weiches Wasser führen, angelegt werden. In dieser erforderlichen Beschaffenheit des Wassers liegt der Grund, daß nicht an allen Orten gleichgute Stärke gemacht werden kann.

Die folgende Arbeit bestehet nun in der Einweichung des Weizens. Diese kann auf zweierlei Art angestellt werden. Die Körner werden nemlich entweder ganz, oder geschroten, dazu angewendet. Die erstere Art ist ohnstreitig die älteste, wie dann auch der alte griechische Name dieses Kunstproduktes Amylon (non molytum) so viel bedeutet, als ein Mehl, das ohne Mühle erlangt worden ist. Wenn man das, was bei dieser Einweichung, und in der Folge weiter geschiehet, recht verstehen will, so muß man wissen, daß das Weizenkorn unter seiner Schale in dem Mark vorzüglich 2 Hauptbestandtheile enthält. Der eine bestehet aus einer klebrigten leimartigen Materie, die sich mit dem Wasser nicht vermischt. Der andere bestehet aus einem überaus feinen Mehle, das mit der erstern Materie vereinbaret, aber doch nicht so genau damit verbunden ist, daß es nicht durch bloses Wasser sollte von jener abgespület werden können. Eben dies feine Mehl ist die Stärke, deren Abscheidung von dem ersten Bestandtheile das ganze Geschäfte der Stärkmacherei ausmacht.

Anm. Hieraus erkennet man deutlich den Unterschied zwischen der Stärke und dem ganzen Weizenmehle. Die Stärke breitet sich im Wasser aus, ohne mit selbigem zu einem Teiche zusammen zu backen, weil sie jene leimartige Materie nicht enthält. Das ganze Weizenmehl hingegen wird, wegen der erwähnten ihm beiwohnenden leimartigen Materie, gleich bei der Anrührung mit Wasser zu einem zähen Kleister.

Wird der Weizen in Körnern eingemischet oder eingeweicht, so schüttet man ihn in eine grose Kuffe oder Bottich, begießt ihn mit Wasser, bis solches etwas über den Weizen stehet, und rühret ihn mit Meischhölzern oder Krücken sorgfältig um, damit er überall gleichförmig im Wasser zertheilet werde, und nicht hie und da in Klumpen zusammenhängend bleibe. So bleibt der Weizen in der Einweichung, bei warmen Sommerwetter 5, bei kühler Witterung aber wohl 6 Tage stehen, bis die Körner ganz weich sind, und beim zerdrücken einen milchigten Saft auslassen.

Wenn zur Einmeischung geschroteter Weizen angewendet werden soll, so muß derselbe nach dem Waschen erst wieder etwas abgetrocknet werden, ehe er auf die Mühle gebracht wird. Bei der Einmeischung des Schrots muß noch mehr Sorgfalt angewendet werden, als beim ganzen Weizen, daß es nicht klümprig bleibe, und recht wohl im Wasser durchrühret werde. Deshalb muß solches unter stetem Umrühren in kleinen Portionen in den Meischbottig geschüttet werden, worein gleich zuerst etwas Wasser geschüttet werden muß, damit das Schrot nicht unten am Boden anklebe, und fest sitzen bleibe, und man muß wenn alles hinein ist, überall mit dem Rühren auf den Boden des Bottichs ungehindert stoßen können. Dann bleibt auch diese Einmeischung ungestöhrt (es wäre denn, daß sich in der Mitte des Mengsels ein Berg oder König erhübe, den man niederdrückt, damit er von der Luft nicht ausgetrocknet werde.) so lange stehen; bis die Kennzeichen des erreichten Endzweckes bemerkt werden. Auch hierbei kann keine Zeit der Dauer fest bestimmt werden. Man nimmt eine Handvoll Meisch aus dem Bottig, preßt das Stärkewasser mit der Hand aus, und urtheilt aus dem Ansehen der überbliebenen Trebern, daß es gahr ist, wenn es nach einem dreimaligen Ausdrücken keine Feuchtigkeit mehr von sich giebt.

Anm. Unter der Zeit dieser Einweichung muß nothwendig eine Gährung vorgehen, und diese wird gemeiniglich von den Stärkemachern als die Hauptsache angesehen. Dafür aber halte ich sie eigentlich nicht; wiewol ich sie allerdings für eine mitwirkende zweckmäßige, und fast unvermeidliche Nebensache betrachte. Denn durch die bei der Gährung vorgehende ausdehnende Wirkung wird die ganze Organisation des Weizenkorns durchaus erweitert, mithin auch die Ausspülung des Stärkmehls dadurch unfehlbar befördert.

In

In beiden Fällen kann nur zur Abscheidung der ausgezogenen Theile vom Weizenschrote geschritten werden. Dies geschiehet durch das austretten; wobei das Verfahren einerlei ist, man mag ganzen oder geschroteten Weizen eingemeischet haben. Es wird solches in einem Tretfaß angestellt, das auf 3 Füssen stehet, so daß unter demselben ein Eimer Platz haben kann. Dies Faß hat in seinem Boden entweder verschiedene Löcher, oder auch nur ein einziges mit einem Zapfen. Es hält einige Eimer Wasser, und stehet in einem grösseren Waschfasse. In das Tretfaß wird ein Sack von weitlöcherigter Leinewand gelegt, und mit Meisch aus dem Bottig angefüllt und zugebunden. Da steigt eine starke Person mit nackenden aber reingewaschenen Füssen in das Tretfaß, tritt auf den Sack allenthalben mit den Füssen nachdrücklich hin und her, und kehret auch von Zeit zu Zeit den Sack wohl um. Hierdurch wird das Stärkwasser ausgepreßt, das durch den Sack in das Tretfaß dringt. Bei diesem ersten Austreten kann man ein Tretfaß mit einem durchlöcherten Boden brauchen, und ein Gefäß darunter setzen, damit das Stärkwasser durch den durchlöcherten Boden sogleich in das untergesetzte Gefäß ablaufen könne; oder man kann das Tretfaß mit einem Zapfen versehen, und das ausgepreßte Stärkwasser von Zeit zu Zeit in den Eimer ablassen. Beim ersten Treten wird auf den Meisch im Sack kein Wasser mehr gegossen, wohl aber kann nach Befinden der Dicke von dem Ausschöpfen noch etwas Wasser in den Meischbottich geschüttet und umgerühret werden. Beim zweiten und dritten Treten aber wird Wasser auf den Beutel im Tretfasse gegossen, so daß es solchen bedecket. Dabei versteht sich daß das Tretfaß mit einem Zapfen verwahret seyn muß, damit das Wasser nicht vor der Zeit ablaufe. Uebrigens geschiehet das zweite und dritte Treten, wie das erste, und so lange bis das ablaufende Wasser nicht mehr Milchigt aussiehet, und so wird immerfort mit einem Beutel oder Sack nach andern verfahren, bis der Meischbottig ganz ausgeleeret worden ist. Die Hülsen, welche nach dem Austreten im Sack zurückbleiben, müssen kein Stärkwasser mehr enthalten, und werden am vorzüglichsten zur Mastung der Schweine angewendet.

Anm. Es wäre sehr zu wünschen, daß das beschwerliche und ungesunde Austreten abgeschaft werden könnte. Die Erfindung einer nicht allzugrosen und kostbaren Handmaschine, die eine Person müßte in Bewegung setzen können, und nach Art einer Walke eingerichtet wäre, wobei immer abwechselende Stöße, davon jeder die Wirkung von der Schwere eines Zentners ausrichtete. — Diese Erfindung, sage ich, würde gewißlich einem mechanischen Kopfe einen grosen Namen machen können. Er verdiente wohl gar eine besondere Belohnung und Ehrensäule. Denn es fielen dadurch nicht allein die übelen Folgen

für

für die menschliche Gesundheit derjenigen Personen, die zu diesem Geschäfte gebraucht werden, sondern auch die ekelhafte Collision der schweisigen Füsse alter Weiber, mit dem Kraftmehle, daran man leicht beim Genuß des sonst delikatesten Bisquits gedenken kann, gänzlich weg. Bei sehr grosen Stärkemachereien ließe sich wohl die Auswalkung der Stärke durch ein Mühlwerk, von einem Fluß getrieben, am aller vortheilhaftesten ausführen.

Das sämmtliche ausgetretene Stärkwasser wird darauf in den Absüßbottig gebracht; jedoch dergestalt, daß vorher auf 2 über diesen Bottig gelegte Stangen ein Haarsieb gesetzt wird; wie nun ein Eimer Stärkewasser ausgetreten worden, so wird er in dieses Haarsieb gegossen, und dadurch alle Unreinigkeiten und durch den Sack gedrungene Abgänge abgesondert, womit bis ans Ende fortgefahren wird. Findet sich, daß in dem Absüßbottig noch ein leerer Raum übrig ist, so füllet man ihn mit reinem Wasser an, und rühret darauf das Ganze mit einer Krücke durch einander. So läßt man es nun 24 Stunden, oder so lange stehen, bis sich die Stärke zu Boden gesetzt hat. Um nun das hierbei oben aufstehende Sauerwasser am bequemsten wegzuschaffen, müssen zuvor an dem Absüßbottige verschiedene Zapfen über einander an die Seite angebracht werden. Von diesen ziehet man wenn sich

die

die Stärke gesetzt hat, einen nach dem andern heraus, und läßt das Wasser ablaufen, bis man auf den Bodensatz kommt.

Anm. Dieses essigartige Sauerwasser könnte noch bei manchen Fabriken, z. B. beim weissen Blech, mit grosem Nutzen verbraucht werden; der aber allerdings wegfällt, wenn die beiderlei Fabriken nicht an einem und demselbigen Orte zugleich vorhanden sind.

Wenn das Wasser abgezapfet ist, so rühret man den Bodensatz auf, und füllet den Bottig wieder von neuem mit Wasser an, und auf solche Art wird die Stärke 3 bis 4mal ausgewaschen, bis sich aller unangenehmer Geruch und Säure verlohren hat. Dabei ist aber zu bemerken, daß sich allezeit man mag ganzen oder geschrotenen Waizen eingemeischt haben, auf den am Boden des Aussüßbottigs befindlichen Stärke oben auf ein unreiner Satz findet, welcher sorgfältig abzuscheiden gesucht werden muß; und dies kann auf folgende Art geschehen. Nach dem man das letztemal frisches Wasser auf die Stärke geschüttet, und alles genugsam verdünnet und durch einander gerühret hat, so läßt man die Stärke ruhig zu Boden setzen. Hierbei wird sich nemlich die reinere und schwerere Stärke zuerst auf den Boden senken, ein leichterer graulichter Mehlschlamm hingegen wird sich länger in der Flüssigkeit

schwim-

schwimmend erhalten, sich aber endlich etliche Querfinger hoch auf die Stärke absetzen. Nachdem nun das Wasser ganz abgelassen worden, wird die letztere graue schlammigte Stärke sorgfältig oben abgeschöpfet, und mit einem Federfittig recht rein abgekehret, bis die gute Stärke wie ein ganz weisser Schnee rein und fest überbleibe. Das abgeschöpfte graulichte Wesen kann, wenn es die Menge belohnt, in einen oder etliche Säcke von grober Leinewand gefüllet, und die Wässerigkeit allmählig davon zwischen 2 Brettern, die man mit einem Gewicht beschweret, ausgepreßt werden, das überbleibende aber dann als eine schlechte Stärke abgetrocknet, und zum schicklichen Gebrauch aufgehoben werden; oder man kann es in ein besonders Gefäß thun, eine gute Menge frisches Wasser darüber schütten, und alles wohl durcheinander rühren; wobei sich abermals, wenn noch eine Portion gute Stärke darunter befindlich gewesen wäre, sich diese wieder zuerst zu Boden setzen wird, so daß man jetzt ziemlich einen blossen, zu nichts weiter, als zur Viehmastung tauglichen Schlamm wird oben absondern können. Findet man nach Absonderung des grauen Schlammes, nöthig, die Stärke nochmals auszuwaschen, so sticht man sie mit einem Instrument vom Boden auf, macht den Kübel wieder voll Wasser, rühret sie ganz vom Boden auf, und verfähret abermals damit, wie das vorigemal, [illegible] wenn z wenn sich noch etwas unreines oben aufgesetzt haben sollte.

Mit dem Ausstechen und Trocknen als der letzten Arbeit, wird folgendermasen verfahren. Man nimmt ein dazu schickliches grobes linnenes Tuch, schlägt es etlichemal über einander, und drückt es recht derb auf die Stärke, und wiederhohlt dies, so oft es nöthig befunden wird. Oder es kann statt dieses Verfahrens, die noch ganz weiche Stärke in einen Sack von grober Leinewand geschöpfet, und dieser auf ein Bret zum ablaufen der Wässerigkeit gelegt werden. Im ersteren Fall wird sodann ein Kreuzschnitt durch die ganze Stärke gemacht, so daß daraus 4 Stücke entstehen, oder man zertheile sie in noch kleinere Stücke, und trägt sie auf Brettern in den oberen Theil des Hauses an einen luftigen Ort. Nach etlichen Tagen werden die sämmtliche Stücke auf die schmale Seite gerichtet, auf über einander befestigte einzelne Bretter gesetzet, damit sie, so viel möglich, von der Luft durchstrichen werden können; woselbst sie so lange stehen bleiben, bis sich eine harte Rinde, eines Messerrückens dick, ohne Schwierigkeit ablößt, sobald man nur mit einem harten Instrument den Versuch macht, um sie abzusondern. Unter dieser Zeit muß die Stärke für Sonnenschein oder groser Sonnenhitze verwahret werden, weil sie davon nicht allein gelb anläuft, sondern auch in pur kleine

Stücke

Stücks zerfällt. Der Schaden eines anschlagenden Regens begreift sich von selbst.

Hierauf wird die erwähnte sich leicht ablösende Rinde, und alle sonstige äuserliche Unreinigkeit abgeschabet. Aus der dadurch erhaltenen Schabestärke wird gemeiner Puder gemacht. Nach dieser Reinigung wird sie mit den Händen über einer Mulde in kleinere Stücke zerbrochen, wie sie verkauft zu werden pflegt. Weil aber solche immer noch etwas Feuchtigkeit enthält, so bringt man diese Stücke auf Tücher, welche über hölzerne durchflochtene Rahmen oder Horden gelegt sind, und erhält sie darauf so lange, bis die vollkommenste Austrockenung erfolgt ist.

II. Abschnitt.

Beschreibung einer fabrikmäsigen Bereitung des Siegellacks.

Wann eine Siegellack-Fabrike angelegt werden soll, so gehöret folgende Geräthschaft dazu:

1) Ein groser Tiegel von gegossenen Eisen, welcher 10 und mehrere Pfunde Materie fassen kann. Es können auch mehrere angeschaft werden.

2) Ein

2) Ein von gebrannten Steinen vieleckigt oder rund gemauerter Ofen, welcher unten mit einem Rost versehen seyn muß auf welchem das Holz zum anzünden gelegt werden kann; daher er auch etliche Luft oder Zuglöcher haben muß; die Anzahl solcher Oefen richtet sich nach der Zahl der Tiegel.

3) Ein viereckigter Tisch von Eichenholz mit starken Füssen, einen und einen halben Schuh lang und breit, und ausgeschnitten, und ein viereckigtes Loch muß überall an dem Rande mit einer viereckigten Falze versehen seyn, auf welchem Loch eine sehr glatt polirte messingene Platte von der Dicke eines Viertels Zolls eingesetzt wird. Auf dieser Platte wird das Siegellack zu Stangen gewälgert.

An der oberen Seite der Platte wird ein kurzer Griff perpendicular bevestiget, damit man die Platte aufheben kann, und in der darunter gesetzten Kohlpfanne entweder Kohlen einlegen, und anmachen, oder aber, wenn sich die Platte zu sehr erhitzen sollte, solche wieder herausnehmen kann.

Auf diese Art kann der Platte die erforderliche Wärme gegeben werden, welche sie haben muß, wenn das Siegellack als ein zäher Teig, in Stangen getrieben werden soll.

Mitten unter dem Tische befestige man ein Brett, worauf

4) Eine

4) Eine Kohlpfanne gesetzt wird, welche etwa 4 Zoll von der Platte abstehen kann, zu diesen Geräthschaften gehöret noch ferner

5) Ein oder mehrere Bretter (nach dem man viele Plattentische hat,) welche von Birnbaum oder anderm zarten Holze glatt gehobelt, und einen Schuh lang und einen halben breit seyn können. An ihren beiden schmalen Seiten werden sie mit Handgriffen versehen, womit sie angefaßt werden, wenn das Lack gewalgert wird.

Es kann auch das Siegellack in Formen gegossen werden, welches geschwinder geschiehet; hierzu gebraucht man messingene Formen. Diese sind halbrund von Messing gegossen, und werden inwendig auf das beste poliret. Solche Formen können in groser Anzahl angeschaft werden. Endlich so schaffe man sich eine gehörige Anzahl kleiner

6) Stempeln an, worauf willkürliche Zeichen gestochen sind, womit das Siegellack gezeichnet wird.

Die Materien des Siegellacks sind hauptsächlich

1) Gummilack in Tabulis.
2) Terpentin, der Gemeine und Venetianische.
3) Kreide oder statt dessen gebrannten Gyps, oder Alabaster.
4) In verschiedenen Farben: als Menninge, Zinnober, Kühnruß, Metallgold u. s. w.

Man kann auch noch folgende Materien zum Siegellack gebrauchen, welche aber keine wesentliche Stücke desselben ausmachen. Als

1) Weisses Harz.
2) Calvonium.
3) Gummi mastix.
4) Styrax calamitae.
5) Ambra liquida.
6) Bisam.
7) Zibeth.
8) Peruvianischen Balsam.
9) Benzoe und dergleichen.

N. 1.

Ein ganz fein rothes Siegellack wird folgender Gestalt gemacht.

Man nimmt Venetianischen Terpentin		10 Loth
Gummilack in Tabulis.		24 Loth
Balsam Beruviani.		1 1/2 Quent.
Schönen und reinen Zinnober.		16 Loth

Oder auf eine andere Art.

Venetianischen Terpentin.		10 Loth
Gummilack in Tabulis.		18 Loth
Zinnabaris Nativ.		12 Loth
Gummi Mastix.		1 Quent.

N. 2.

N. 2.

Ein rothes Siegellack von mitteler Feine.

Ordinairen Terpentin. ⸗	10 Loth
Gummilack in Tabulis. ⸗	16 Loth
Geschabte Kreide. ⸗ ⸗	4 Loth
Guten Zinnober. ⸗ ⸗	8 Loth

Auf eine andere Art.

Ordinairen Terpentin. ⸗	10 Loth
Gummilack in Tabulis. ⸗	14 Loth
Geschabte Kreide. ⸗ ⸗	8 Loth
Zinnober. ⸗ ⸗	6 Loth

N. 3.

Ein geringes Siegellack.

Ordinairen Terpentin. ⸗	12 Loth
Gummilack in Tabulis. ⸗	10 Loth
Geschabte Kreide. ⸗ ⸗	12 Loth
Gemeinen Zinnober. ⸗ ⸗	4 Loth

Auf eine andere Art.

Ordinairen Terpentin. ⸗ ⸗	12 Loth
Gummilack in Tabulis. ⸗	12 Loth
Geschabte Kreide. ⸗ ⸗	12 Loth
Zinnober oder Mennige. ⸗	4 Loth

Auf gleiche Art wird auch das schwarze Siegellack gemo ,t, nur wird anstatt des Zinnobers Kienruß genommen.

Will man allerhand farbigte Siegellacke machen, so taugen hierzu alle mineralische Farben.

Der Herr Pinetti in seiner Schrift welche den Titel führt Amusemens physiques lehrt ein blaues Siegellack zu verfertigen, nemlich auf folgende Weise:

Man nehme eine Unze Bergblau, eine Unze feinen Mastix, ein Fünftheil Unze von wirklichem venetianischen Terpentin. Dazu gebraucht man eine kleine Kastrolle von Eisen, die recht rein gemacht, und mit einer Art von Schnabel versehen ist, um die geschmelzte Masse bequem auszugiesen. Zuerst läßt man darinnen den Mastix auf Kohlen fliesen, dabei man sich aber vorsehen muß, daß er nicht anbrenne. Hierauf gießt man den Terpentin unter den Mastix, und wenn diese Mischung geschehen ist, so hebt man das Gefäß vom Feuer, um das Bergblau dazu zu thun, man rührt alles mit einem kleinen Stöckchen durch einander, wobei man acht geben muß, daß die Mischung ja nicht zu heiß sei, wenn man die Farbe zuschüttet, weil sie sonst schwarz wird, und das Blau verschwindet. Ein Rest schwärzt jeden neuen Lack.

Wenn

Wenn alles gut durch einander gemischt ist, so nimmt man, ehe die Masse ganz kalt wird, zwei Stücke Glas, welche man mit Wasser naß macht; man gießt die Materie auf die Glasscheiben, um sie unter den Fingern zur Stange zu rollen, und in dieser Arbeit benetzt man die Finger gegen das ankleben. Solchergestallt rollt man die Stange zwischen den beiden Glastafeln walzenförmig.

Um die Stange, wie es gebräuchlich ist zu polieren, so hält man sie über die Flamme eines angezündeten Weingeistes, davon die Oberfläche flüßig wird, und an der Luft erhärtet.

Ein goldfarbiges Lack entstehet, wenn man Metallgold statt der Farbe hinein rühret.

Nunmehro folgt die Bereitungsart.

Man thut zuerst den Terpentin in den Tiegel, läßt solchen bei gelindem Feuer gemächlich unter beständigem Umrühren kochen, bis er anfängt Dicke zu rauchen. Hernach thut man den Gummilak in Tabulis hinein, und läßt solchen unter beständigem Umrühren in dem Terpentin zergehen.

Hernach wird die geschabte oder gemahlene Kreide darinnen verrühret; alsdann hebe man

man den Tiegel vom Feuer, und thue den Zinnober oder eine andere Farbe, und wenn man will, wohlriechende Sachen unter beständigem Umrühren hinein.

Es ist zu merken: daß alle Lacke bei einer gemächlichen Hitze geschmolzen, und gut gerühret werden müssen.

Den geschmolzenen Lack in dem Tiegel läßt man so lange kalt werden, bis er anfängt Dicke zu werden, alsdann nehme man so viel heraus, als zu einer Stange erfordert wird, und wälgere die zähe Masse auf der warmen Platte, welche mit Baumöl befeuchtet worden, zu Stangen.

Der erste Arbeiter wälgert das Siegellack zu Stangen, und legt sie auf einen nebenstehenden Tisch, woselbst ein zweiter Arbeiter die Stangen nach gehöriger Gröse abschneidet, daß sie einerlei Gewicht bekommen. Das abgeschnittene aber wird (wenn es nicht zu einer Stange groß genug ist,) wieder umgeschmolzen, darauf poliret sie ein dritter Arbeiter, wenn sie allenfalls noch nicht glatt genug sind, indem er solche über Kohlen hält mit Schmalz bestreichet, und mit Leder abreibet.

Endlich ein vierter Arbeiter stempelt die Stangen, welches folgendergestalt geschiehet. Es werden die Stempel auf einer warmen

Platte

Platte heiß gemacht, daß sie das Siegellack erweichen, alsdann auf ein mit Baumöl bestrichenes Leder abgestrichen, und das Lack auf der Obern Fläche zu beiden Seiten, und in der Mitte, besiegelt.

Wird aber das Lack in Formen gegossen, so ist folgendes zu merken: 1) Man bedienet sich hierzu kleinere Tiegel worin etwa 1 oder 2 Pfund können geschmolzen werden, und welche mit einer Zote und Handgriff versehen sind. 2) Nachdem das Lack geschmolzen ist, läßt man solches einige Minuten lang erkalten, und gieset solches 3) in die mit Baumöl bestrichene und warm gemachte Formen. Wenn das Lack in den Formen so weit erkaltet ist, daß die Stangen noch zähe sind, so werden sie 4) der Reihe nach mit dem Stempel gezeichnet, worauf sie dann volllends in den Formen erkalten und herausgenommen werden.

Eine jede Stange Siegellack wiegt gewöhnlich 2 Loth.

III. Abschnitt.

Von Verfertigung der Chocolade.

Die Geräthschaft einer Chocoladenfabrik bestehet:

1) In einer verhältnißmäßigen Anzahl von grosen Mörseln, welche entweder von Eisen oder Metall seyn können; in welchen viele Pfunde Materialien auf einmal können klein gestoßen werden.

2) In einer eben so grosen Anzahl von Oefen, welche entweder rund oder viereckigt und von gebrannten Steinen aufgemauret sind. Diese Oefen sind 2 Schuh hoch; der Rost ist von dicken Stangen und ruhet auf starken von Eisen gegossenen Unterlagen, und ist von dem Heerde 4 Zoll entfernt. Die innere Breite des Ofens beträgt 1 1/2 Schuh.

In die obere Oeffnung dieser Oefen werden die Mörseln hineingesetzt, daß sie auf die Roste zu stehen kommen; alsdann werden Kohlen um solche gelegt, angezündet, und auf solche Art die Mörseln heiß gemacht.

3) In einer Menge viereckigter blecherner Formen, (wenn sie von Kupfer gemacht werden, so müssen sie überzinnet werden) worinnen Chocoladentafeln zu einem viertel oder

hal-

halben Pfunde gegossen werden können. Ihr Rand ist schief, damit die Tafeln gut heraus gehen.

4) In einer oder mehreren Mühlen, sie sind wie die Kaffemühlen gestaltet, nur sind sie gröser, sie werden auf lange Tische festgeschraubt.

5) Grose von Eisenblech entweder cilindrisch oder viereckigt gebildete Behälter, welche mit einem Deckel und einem langen eisernen Stiel versehen sind, worinnen die Kakaobohnen gebrannt werden.

Man kann auch die Materialien zum Chocolade auf einer heißgemachten marmornen Tafel zu einem Teige mit einem Reibestein zerreiben. Man kann sich hierbei eines solchen Tisches bedienen wie bei der Siegellackfabrik beschrieben worden ist, wo man nur anstatt der messingenen Platte eine grose Tafel von Marmor eingesetzt hat.

Die Materialien welche zur Chocolade gebraucht werden, sind:

1) Kakaobohnen, von den besten Caraque, Mittelgattung und schlechte.
2) Melis und Canarienzucker.
3) Zimmet.
4) Vanillie.

Andere Materialien, welche zuweilen obi-gen zugesetzt, auch statt der Vanille genommen werden, sind.

1) Sternaniß.
2) Nelken.
3) Mexikanischer Pfeffer.
4) Bisam.
5) Ambra.
6) Cardamomen.
7) Peruvianischen Balsam.
8) Reiß.
9) Cubeben.

N. I.

Die allerbeste, oder Pariser Chocolade wird auf folgende Weise gemacht.

Man nimmt 20 Unzen Cacao von Caraque.
12 Unzen Canarienzucker.
1/2 Unzen des allerbesten Zimmets.
Zwei bis drei Vanillien-Schoten.

Eine andere sehr gute Chocolade.

Man nimmt Cacaobohnen 1 Pfund.
Canarienzucker 1/2 Pfund.
Zimmet 2 Loth.
Nelken 1 Loth.
Mexikanischen Pfeffer 4 Gran.
Vanillien 16 Stück.

Ma-

Moschus und Ambra jedes 1 Gran.

Anstatt der Vanille kann auch Sternaniß gebraucht werden.

N. 2.

Noch eine andere feine Sorte von Chokolade.

Solche bestehet aus 1 3/4 Pfund Cacaobohnen, von Caraques, anderthalb Pfund Canarienzucker, eine Vanilleschotte, Nelken ein Loth, Cardamomen ein Loth, und Engl. des besten Zimmet 1 1/2 Loth.

N. 3.

Eine Chocolade von mittler Güte.

Cacaobohnen von mittler Sorte, 24 Loth.
Canarienzucker 12 Loth.
Zimmet 1 1/2 Loth.
Vanillie 1/2 Quent und 6 Gran.

N. 4.

Eine schlechte Gattung Chokolade.

Cacaobohnen von der schlechtesten Sorte 1 Pfund.
Meliszucker 1/2 Pfund.

Zim=

Zimmet 1 Loth.
Vanillien 1/2 Quent.

N. 5.

Die Gesundheitschocolade wird folgender Gestalt verfertiget.

Cacao von Caraque 2 Pfund.
Canarienzucker 2 Pfund.
Zimmet des besten 2 Loth.
Kardamommen- und Cubeben jedes 2 Quent.
Gerösteten Reiß 4 Loth.

Die Zubereitung des Chocolades selbsten geschiehet folgendergestalt:

Die erste Arbeit ist das sortieren des Cacao, denn alle Bohnen taugen nicht zu dem Chocolade, indem sich viele in den Bohnen von Surinam als auch von Caraques finden, welche weiß stockig und verdorben sind und wenig Oel haben.

Die zweite Arbeit ist das Brennen der Cacaobohnen, denn darauf kommt vieles an, denn sind sie gelinde gebrannt so geben sie kein genugsames Oel, und dadurch wird der Teig nicht flüßig genug, daß man ihn in die Formen giesen kann, daher hat man auf folgendes Zeichen zu merken. 1) Wenn sie gehörig gebrannt sind, müssen die Schaalen von den

den Kernen gerne abspringen. 2) Wenn sie gemahlen werden so muß das gemahlene nicht trocken, sondern wie ein dünner Brei durchfallen. Werden sie stark gebrannt so bekommen die Tafeln eine dunkelbraune wenn sie aber gelinde gebrannt worden eine hellbraune Farbe. Das Brennen geschieht in dem Num. 4 beschrieben Instrumente.

Die dritte Arbeit ist das mahlen der Cacaobohnen. Sie werden heiß, so wie sie eben gebrennet worden, in den Mühlen gemahlen.

Die vierte Arbeit ist das stoßen des Zuckers, Zimmets und der anderen Gewürze zu feinem Meele. Ein jedes Gewürz wird besonders in einem Mörsel klein gestoßen.

Die fünfte Arbeit: Man thut die gemahlene Cacaobohnen, in die heißgemachte Mörseln: stößet sie dann eine Weile, alsdenn schüttet man nach und nach den Zucker und darauf die übrigen Gewürze hinein unter beständigen stoßen, bis alles zu einen dünnen Brei geworden ist.

Endlich die sechste Arbeit bestehet in dem herausschöpfen des warmen Breyes in die mit Mandelöl bestrichne Formen, dabei ist noch zu merken, daß wenn der Teig in die Formen geschöpft worden, solche mit der Hand gerüttelt werden, damit sich der Teig überall in die Formen setzen könne.

Wenn

Wenn die Täfelein 24 Stunden in einem kalten Zimmer gestanden haben, so können sie aus den Formen genommen werden.

Auf diejenige Formen woraus die Tafeln nicht gerne herausgehen, wird gelinde mit einem Messer geschlagen, so gehen sie heraus.

Die Kennzeichen einer guten Chocolade sind folgende:

1) Er muß wohlriechend, hart und trocken seyn. 2) Er muß nicht zu bitter noch zu süße seyn, 3) nicht zu stark gewürzt, endlich 4) wenn man eine Tafel zerbricht, so muß sie auf dem Bruche überall mit kleinen weisen Pünktchen oder Adern durchzogen seyn.

IV. Abschnitt.

Von Verfertigung verschiedener Gattung rother Farben.

I. Artikel.

Von Bereitung des Karmins.

Wenn man sich an die Bearbeitung dieser kostbaren und sehr delikaten Farbe machen will, so muß man folgende Grundsätze wissen, und solchen gemäß verfahren.

1) Alle

1) Alle Säuren erhöhen die rothe Farbe der Kochenille, woraus der Karmin gemacht werden muß.

2) Die alkalischen Salze, Kalk und Eisen, verdunkeln sie, und verursachen eine Purpurfarbe. Weil nun der Karmin eine helle Scharlachfarbe haben soll, so muß alles auf das sorgfältigste vermieden werden, was dessen Farbe verdunkeln kann. Man läßt demnach in einem zinnenen Kessel 8 Pfunde destillirtes oder Regenwasser aufkochen, und schüttet darein 8 Untzen aufs feinste pulverisirte Kochenille; nebst 4 Drachmen fein geriebenen Weinsteinkrystallen. Damit läßt man nun das Wasser höchstens eine halbe Viertelstunde lang ganz gelinde wallen; unterdessen rührt man es beständig mit einem sauberen hölzernen Spatel von Tannenholz um. Dann schüttet man noch 6 Drachmen pulverisirten Römischen Alaun hinzu, und erhält es nur noch 2 Minuten auf dem Feuer. Hierauf hebt man den Kessel ab, sezt ihn an einen kühlen Ort auf einen Strohkranz, läßt ihn allda eine Stunde ruhig stehen, damit sich das Kochenillpulver gänzlich zu Boden sezen könne. Nach Verfluß dieser Zeit spannet man ein Stückchen zartes Nesseltuch auf einen Rahmen, sezt ein paar neue saubere glasirte Töpfe zur Hand, welche die sämtliche Farbenbrüche aufnehmen können, legt den Rahmen mit dem Tuch auf einen derselben, und so schüttet man mit der behutsamsten Neigung

des Kessels, damit das Pulver nicht aufgerühret werde, das rothe Decokt durch das ausgespannte Nesseltuch in den Topf, und rücket damit, wenn der erste voll, zum andern fort.

Die Töpfe mit dem Kochenill-Decokt sezt man hernach an einen sichern Ort, bedeckt sie um sie für Staub zu verwahren, mit einem Papier, und läßt sie allda 12 bis 14 Tage lang ruhig stehen. Währender Zeit wird man bemerken, daß das rothe Decokt immer mehr von seiner Farbe verlieret, und endlich eine ganz blasse Farbe bekommt. Dann neiget man einen Topf nach dem andern aufs allerbehutsamste, und gießet das blaßrothe Wasser in ein anderes töpfernes Geschirr ganz langsam ab, bis am Ende der auf dem Boden befindliche Karmin mit abzufließen anfangen will. Nun spannt man eine saubere weisse Leinewand auf einen Tenackel, den man auf eine saubere glasurte Schüssel sezt, belegt solchen mit 2 Bogen weissen Druckpapier, und schüttet den sämtlichen am Boden der Töpfe befindlichen Karmin darauf, damit alle Wässerigkeit davon bestens abgesondert werde. Sobald dies erfolgt ist, kann man den Karmin noch ein oder etlichemal mit destillirtem Wasser übergießen, um ihm die etwa noch dabei befindliche Salzigkeit zu entziehen. Dann bedeckt man ihn mit einem Bogen Papier, und läßt ihn auf dem Filtrum abtrocknen.

Wie

Wie der Carmin nach der gewöhnlichen Methode mit der Zinnauflösung gemacht wird.

Man muß hierzu erst folgende Zinnauflösung verfertigen. Man solvirt 1 Pfund fein englisch Zinn in Aqua regis. Dieses Aqua regis wird also bereitet: Man thut in ein starkes und gutes Aqua fort, womit sonsten das Silber solvirt wird, ein wenig Salz, als z. E. in 1 Pfund Aqua fort, 3 Loth Salz, und läßt solches solviren, gießt es alsdann ab, so ist ein solches Aqua fort fertig. Dies also bereitete Aqua fort oder Aqua regis, wie es jetzt genannt wird, gießt man in einen Glaßkolben, der oben mit einem eingeschliffenen gläsernen Stöpsel wohl zugemacht werden muß, und solvirt in einem oder mehr solchen Gläsern 1 Pfund klar gefeiltes oder dünn geschlagenes englisches Zinn, doch auf diese Weise, daß wenn etwas von dem Zinn in solches Aqua regis gethan, der Stöpsel alsobald wieder darauf gesetzt wird: damit kein Spiritus aussteigen und verrauchen möge. Wenn nun alles Zinn also aufgelöset worden, so ist die Zinnauflösung zum Gebrauch fertig.

Auf eine andere Art wird diese Zinnauflösung folgendergestalt zubereitet. Man nimmt 4 Loth Scheidewasser und 2 Loth Salzgeist, schüttet solches in einem Glase zusammen, und trägt nach und nach bei kleinen Stückchen fein englisch Zinn hinein, bis man bemerket, daß das Zinn nicht mehr angegriffen wird. Niemals darf etwas Zinn wieder eingetragen werden, bis das vorige eingetragene völlig aufgelöset worden. Es muß auch alle Erhitzung möglichst vermieden werden, und die ganze Auflösung im kalten geschehen.

Wann diese Zinnauflösung in Bereitschaft ist, so nimmt man 4 Loth zu zarten Pulver gestoßene und durch ein feines Haarsieb geschlagene Coccinelle oder Kochenillie, kochet solche bei gelindem Feuer in einem verzinnten kupfernen oder besser pur zinnernen Kessel in 12 Maaß reinem destillirten Brunnen- oder noch besser in reinem Regenwasser, bei nebst 40 Gran römischen Alaun; aber nach einer accuraten Uhr läßt man solches ja nicht länger als sieben Minuten lang kochen, sonst verdirbt die Farbe. Hernach läßt man den Kessel eine Weile ruhig stehen, daß sich das Pulver zu Boden setze, und gießt sodann das Decokt zur Vorsorge noch durch ein Stückchen sauberes Flanell, (die grobe Kochenillie, welche auf dem Boden des Kessels liegen bleibt, die gehöret nicht weiter zu dem Karmin, sondern man hebt sie auf, einen feinen Florentinerlack daraus zu machen, welches im folgenden gelehret wird;) hierauf wird das Decokt warm gemacht, und so lange eine recht gute Auflösung des englischen Zinnes hinein getröpfelt, und dabei alles mit einem sauberen Stäbchen umgerühret, bis

kein

kein Niederschlag davon mehr erfolgt. Sodann läßt man alles dieses in einem wohlbedeckten steinernen Gefäß etliche Tage lang stehen, alsdann setzt sich aller Karmin zu Boden. Hernach aber gießt man die überstehende helle Flüssigkeit davon ab, und schüttet noch etlichemal sauberes Regen oder destillirtes Brunnenwasser über den Bodensatz, um alle noch damit vermischte Salzigkeit von der Zinnauflösung auszulaugen und abzuscheiden, zuletzt schüttet man alles auf ein sauberes Filtrum, und läßt hernach den Satz, welcher der feine Karmin ist, zwischen zweien Porcellanen Tellern, und von allem Staube verwahret, an einem temperirten Ort abtrocknen. Dies ist nun der ächte Karmin.

Wie aus dem groben Bodensatz welcher beim Karmin machen im Kessel zurückbleibt, der feine Florentiner Lack gemacht wird.

Dieser feine Florentiner Lack ist gleichfalls eine kostbare Farbe, und gilt das Pfund 8 Reichsthaler, und wenn er auf eine solche vortheilhafte Art aus dem beim Karmin kochen zurückgebliebenen und zum Karminmachen unbrauchbaren groben Bodensatz im Kessel gemacht wird: So bezahlt er alle auf den Karmin gewandte Kosten, und die allerbeste Farbe des Karmins, ist der Profit dabei. Man verfährt dabei folgendergestalt.

Dieser grobe Bodensatz des Karmins, wird in frischen Regen oder andern destillirten Wasser wieder recht gekocht; (dieses Kochen schadet nunmehro der Farbe nicht,) hernach die vorher beschriebene englische Zinnauflösung hinein getröpfelt: so fällt eine schöne, zarte, und etwas bräunliche Farbe zu Boden, welches der wahre Florentinerlack ist. Dieser muß ebenfalls in reinem Regen- oder destillirten Brunnenwasser ausgelauget, oder mit reinem warmen Wasser ausgewaschen, und an der Sonnenwärme gelinde getrocknet werden. Dies ist nun der wahre Florentiner Lack.

II. Artikel.

Von Bereitung verschiedener rothen Lackfarben.

Unter diesem Namen werden überhaupt gewisse erdigte Farben verstanden, deren Grundstof oder Grunderde von einer so feinen Art ist, daß ihre Stäubchen nach der Zerreibung von einer solchen Feinheit befunden werden, daß sie den Grund, worauf man sie trägt, nicht recht vollkommen bedecken, und also ihrer Zärte wegen immer eine gewisse Durchscheinlichkeit behalten. Da nun eine solche Feinheit, nebst den übrigen zu einer Farbe erforderlichen Eigenschaften, bei keiner Erde, als bei der Alaunerde, anzutreffen ist, so

muß

muß daher eben diese letztere die allgemeine Grundlage aller Lackfarben ausmachen.

Die bekannteste Arten hievon sind der Florentinerlack und der Kugellack, beide von rother Farbe, es giebt aber noch mehrere weniger gebräuchliche Sorten in dieser und andern Farben. Daß die Lackfarben in Italien ihren Ursprung genommen haben, ist höchst warscheinlich, und daß sie schon vor mehr als 200 Jahren allda bekannt gewesen sind, das kann aus einer ursprünglich italienischen Schrift damaliger Zeit klar erwiesen werden a) Aus den darinn befindlichen Vorschriften scheint es aber, daß der eigentliche Florentinerlack damals noch nicht bekannt gewesen, und erst einer spätern Erfindung sein Daseyn zu verdanken haben müsse.

Es soll diese Farbe ehedem einzig von den Franciscanermönchen zu Florenz bereitet worden seyn. Ihre Erfindung schreibt man folgendem Zufall zu: Es hätte nemlich einer von diesen Mönchen die Tinktur der Kochenillie mit Weinsteinsalz bereitet gehabt, um sie als ein in Italien bekanntes Arzeneimittel für das Fleckfieber zu gebrauchen. Indem er

a) Alexii Pedemontani italico sermone in latinum de secretis. Libri etc. ex converſi Basileae 1560. 8vo.

er aber solche mit etwas andern vermischen wollen, und aus versehen eine flüßige Säure ergriffen, so sei eine starke Aufbrausung erfolgt; wovon seine Tinctur ruinirt worden, und ein hochrother Bodensatz darinn entstanden sei. Als er solchen darauf Mahlern gezeigt, so haben sie solchen bewundert, und ihn zu dessen ferneren Bereitung durch Hofnung des Gewinnstes ermuntert. Nach manchen wiederhohlten Versuchen sei es ihm endlich gelungen, diese Farbe in der erforderlichen Menge fortzubereiten. Die Zeit dieses Vorfalls ist mir nicht bekannt; genug daß sich solcher nicht vor der Mitte des sechzehnten Jahrhunderts ereignet hat, weil damals die Kochenillie in Europa noch nicht bekannt gewesen zu seyn scheint.

Hierauf schreite ich zur Beschreibung des Florentiner Lackes, und zwar werde ich zuerst eine Bereitungsart anführen, welche sich aus Italien herschreiben soll. Man schütte ungefehr 6 Kannen Wasser in einen kupfernen Kessel, und lasse es darinn zum Kochen kommen; dann thue man 2 Pfund schön weißen zerstoßenen Alaun hinzu, rühre es mit einem sauberen Stabe so lange um, bis alles aufgelöset ist, und gieße alsdann die Lauge durch ein ausgespanntes sauberes Stück Linnentuch in ein reines hölzernes Gefäß, das nach seiner Größe 3 bis 4 Wassereimer fassen kann.

Sobald

Sobald der Kessel leer worden ist, läßt man gleich wieder einen halben Eimer Wasser kochend heiß werden, schüttet ein Pfund gute Potasche darein, rührt es fleißig um, damit es geschwind aufgelöset werde; dann bringt man ein linnenes Tuch über ein anderes leeres Gefäß, und läßt nun diese Lauge langsam durchlaufen. Sollte das zuerst durchlaufende etwas Trübe seyn, so muß es so lange wieder auf das Tuch zurück geschüttet werden, bis die Lauge ganz klar ist.

Darauf wird diese letztere Lauge in kleinen Portionen in die erstere, unter beständigem Umrühren mit einem Stocke, geschüttet, wodurch die Erde aus dem Alaun in einer schön weißen Farbe niedergeschlagen wird. Wie dies geschehen, läßt man sich die weisse Erde ruhig absetzen, schöpfet darauf von der hellen Lauge etwas in ein Glaß, und versuchet, ob durch eine mehrere klare Potaschenlauge noch eine Trübung darinn verursachet wird. Sollte dies geschehen, so müßte man noch ein viertel Pfund Potasche klar auflösen, und davon zur ganzen Portion noch so viel zuschütten, bis bei einer abermaligen angestellten Probe keine Trübung mehr davon verursachet wird.

Darauf spannet man ein anderes groses linnenes sauberes Tuch auf einen grosen Rahmen, leget solchen über ein sattsam groses hölzernes Gefäß, und schöpfet nach und nach das ganze Mengsel darauf, damit die klare Lauge von der Erde abgesondert werde. Durch ihre Einkochung und Krystallisirung erlangt man davon vitriolisirten Weinstein.

Den auf dem Tuch liegen verbliebenen weissen Brei, bringt man nun wieder in das erstere grose hölzerne Gefäß, füllet solches mit Wasser ganz voll, und zerrühret ihn vollkommen darinn. Nachdem sich derselbe wieder zu Boden gesetzt hat, wird das helle Wasser ab, und wieder frisches darauf geschüttet; welches so oft zu wiederhohlen ist, bis auf solche Weise alle Salzigkeit ausgewaschen worden, und am weissen Bodensatz nicht das Mindeste mehr davon zu schmecken ist. Dies ist der Grundstof zur nächsten und allen folgenden Lackfarben, dem nun eine jede Farbe beigebracht werden kann. Ich werde mich in folgenden ähnlichen Fällen, wozu dessen Bereitung wieder vorkommt, nur auf diese Beschreibung beziehen.

Hierauf werden 5 Loth fein pulverisirte Kochenille, 3 Loth gestossene Weinsteinkrystallen, mit 5 Pfunden Wasser, eine Viertelstunde lang gekocht, und das Decoct durch ein sauberes Tuch geschüttet. Das überbliebene Kochenillpulver kann noch einmal mit etwas Wasser ausgekocht, und das abgeseihete auch noch dazu gebracht werden.

Unterdessen wird in eine Vermischung aus 2 Unzen Salpeter, und eine Unze Salzsäure, in kleinen Portionen, langsam nach und nach fein englisches Zinn so viel eingetragen, bis man bemerket, daß nichts mehr davon aufgelöset wird. Allemal muß die erstere Portion bis auf etwas schwärzlichtes Pulver aufgelöset seyn, ehe wieder etwas nachgetragen werden darf. Wenn diese Zinnauflösung gut gerathen ist, so muß sie ein schielendes opalfarbigtes Ansehen haben.

Hiervon tröpfelt man nun in das kalte Kocheniildecokt so viel, bis man nach einiger Ruhe bemerket, daß sich die rothe Farbe in pulverigter Form vom Wasser abzusondern anfängt, sich zu Boden setzt, und nur ein gelbliches Wasser darüber stehen bleibt.

Inzwischen werden noch in einem andern Topfe anderthalb Unzen Chouankörner b) mit 2 Maaßen Wasser zur Helfte eingekocht und filtrirt. Die Decokt wird weiter zu 2 Unzen zerriebenen Orlean geschüttet, noch eine Weile gekocht, abermals abfiltrirt, und unter die Kochenillfarbe gemischt. — Ob diese beiden

b) Chouan oder Kouan ist ein grüngelblicher Saame aus der Levante, der außer dem vorstehenden Gebrauch auch zum färben der Federn angewendet wird. Er siehet wie Würmsaamen aus, und schmeckt etwas säuerlich die Pflanze welche diesen Saamen trägt, ist mir nicht bekannt.

Auszüge der Lackfarbe einen wesentlichen Vortheil bringen, kann ich nicht behaupten. Das weiß ich aber gewiß, daß die meisten Fabrikanten sie nicht zu ihrer Farbe gebrauchen. Der Orlean dürfte indessen warscheinlich nicht ohne guten Nutzen anzuwenden seyn.

Diese gemischte Farbe wird nunmehro in einem Gefäße mit der vorher beschriebenen breiigten weissen Alaunerde vermischt, mit einer Portion frischen Wasser übergossen, solches nach der Absetzung wieder ab- und frisches aufgeschüttet; auch dieses noch 2 bis 3mal wiederhohlet. Wenn endlich auf diese Weise alle Salzigkeit ausgewaschen, wird die Farbe auf ein über einen Rahmen gespanntes Linnen Tuch gegossen, damit alles Wasser davon abfliessen möge, etwas Tragantschleim darunter gemischt, und zuletzt durch Hülfe eines Trichters auf Papier in kleine Häufchen gebracht, und abgetrocknet.

Am gewöhnlichsten wird der Florentinerlack auf folgende Art verfertiget: Man macht zuerst nach vorerwähntem Verhältniß den Alaunpräcipitat, und süßet solchen vollkommen aus. Dann kocht man die ebenfalls bemerkte Menge Kochenille, die auch nach Belieben vermindert oder verstärkt werden kann, mit sattsamen Wasser vollkommen aus, und schlägt alles Farbewesen aus dem kalten Decokt mit Zinnauflösung nieder. Sobald sich solches zu Boden gesetzt, wird das helle Wasser ab,

und

und wieder frisches darauf geschüttet, auch dieses so oft wiederhohlet, bis an der rothen Farbe keine Schärfe mehr zu merken ist. Dann wird der rothe Farbesatz unter den Alaunpräcipitat gemischt, und nun alles zusammen auf ein ausgespanntes Tuch zum Abziehen des Wassers gebracht. Ist dieser Zweck erreicht, so wird der Brei auf ausgebreitetes Papier, womit etliche geflochtene Horden belegt sind, in einzelne kleine Haufen ausgebreitet, und ganz abgetrocknet.

Hierauf wird die sämmtliche Farbe auf einem grosen Reibestein mit Wasser nochmals aufs feinste zu einem Teige zerrieben, und nun erst durch einen Trichter in kleine Häufchen auf einzelne Bogen Papier gebracht, und abgetrocknet.

Verbindet man mit der Bereitung des Karmins zugleich die Verfertigung des Florentinerlacks, so kochet man die bei ersterem übergebliebene Kochenille, der noch nicht alles Farbewesen entzogen worden, nochmals mit einer genugsamen Menge Wasser aus, wozu auch besonders das vom Karmin abgeschüttete farbigte Wasser mit benutzt werden kann, schlägt daraus nun alle Farbe mit der mehrerwähnten Zinnauflösung nieder, süßet darauf den Satz mit Wasser etlichemal wohl aus, und mischet demselben zuletzt so viel ausgesüßte breiigte Alaunerde bei, als die Farbe vertragen kann.

Zu

Zu einem wohlfeilern Lack dieser Art kocht man 2 Pfund Fernambuck, nebst 4 Unzen Alaun, mit einer genugsamen Menge Wasser etlichemal aus, und gießt alle Farbebrühe durch ein sauberes Tuch, schlägt diese darauf mit Zinnauflösung nieder, süßt den dunkelrothen Satz etlichemal mit aufgegossenem Wasser vollkommen aus, und vermischt ihn endlich im flüßigen Zustande mit dem ebenfalls noch flüßigen Niederschlage, welcher aus 2 Pfunden Alaun erhalten, und vorher auch von allen Salzen befreiet worden ist. Die Befreiung von der Wässerigkeit und Trocknung geschiehet auf die ebenfalls schon beschriebene Art.

Dieser Lack giebt an äußerer Schönheit dem Kochenillelack nicht viel nach; aber dessen Farbe bestehet nicht so gut in der Sonne und Luft.

Außer diesem wird noch ein dauerhafterer rother Lack aus dem Krapp auf folgende Art bereitet: Man läßt in einem grosen, zinnernen, oder allenfalls auch in einem kupfernen Kessel 16 bis 20 Kannen Wasser zum sieden kommen, schüttet dann 2 Pfund von dem feinsten seeländischen Krappe und 2 Pfund römischen Alaun hinein, und läßt solches eine halbe Viertelstunde damit kochen; darauf schüttet man die Farbebrühe durch ein sauberes linnenes Tuch in ein reines hölzernes Gefäß. Unterdessen löset man anderthalb

Pfun-

Pfunde Potasche in kochendem Wasser auf, belegt ein über einen Rahmen ausgespanntes linnenes Tuch mit doppeltem Löschpapier, und filtriret die letztere Lauge durch, damit sie wasserklar werde. Alsdann schüttet man das hellroth gefärbte Krappdecokt ganz sachte in ein anderes Gefäß von dem etwa darin befindlichen Bodensatz ab, und gießet nun unter steter Umrührung von der Potaschenlauge so viel hinzu, bis keine Niederschlagung weiter davon bemerkt wird. Nun gießt man in das Gefäß noch so viel reines Brunnenwasser, als es fassen kann, rührt alles durch einander, und läßt die Farbe zu Boden setzen. Das überstehende Wasser wird alsdann abgeschüttet, und frisches wieder zugesetzt, dies auch, wie gewöhnlich, so oft wiederhohlet, bis dadurch alle Salzigkeit von der Farbe ausgewaschen worden. Dann spannet man ein linnenes Tuch auf einen grossen Rahmen, schüttet die Farbe darauf, um das übrige Wasser davon abzuseihen, und bringt sie endlich zum Trocknen auf Horden, die mit Papier, oder besondern hierzu bestimmten Tüchern beleget sind.

Endlich komme ich zur Beschreibung des Kugellacks. Ich verstehe darunter diejenige Sorte, welche in Kugeln von der Größe einer Kastanie, von angenehmer blaßrother Farbe, aus Italien, unter der Benennung venetianisches Kugellack, gebracht wird, von dessen wahrer Bereitungsart und Grundstoff bis diese Stunde nichts bekannt ist. Ich glaube aber nunmehro, in das Geheimniß eingedrungen zu seyn, und will diese erlangte Kenntniß gerne einem jeden mittheilen und zur Benutzung überlassen.

Diese Farbe besitzt eine ungemeine Leichtigkeit, so daß die Kugeln auf dem Wasser schwimmen; dabei sind die Kugeln gemeiniglich so fest, daß sie mit ziemlicher Gewalt zerschlagen werden müssen. Pulverisirt vermischt sich die Farbe schwer mit blosem Wasser. Um dieser Eigenschaften willen habe ich schon manche Stunde zu wiederhohlten malen nachgedacht, eine Grunderde von solcher Beschaffenheit zu finden, auf welche hernach die rothe Farbe gesetzt werden könnte. Im ganzen Mineralreich habe ich keine finden können.

Darauf schlug ich den Untersuchungsweg ein; ich wollte mit Säuren die Grunderde ausziehen, konnte aber keine daraus erlangen, sondern es blieb dabei ein leichtes Pulver liegen, das aufquoll, und die Säure einzog. Es war solches kein Gyps, keine Kalkerde, keine Bittersalzerde, und keine Alaunerde — und ich wurde nicht klüger. Als ich endlich einmal den ganzen Abend alles durchdachte, und ein Stück Kugellack vor mir liegen hatte, brach ich ein wenig davon ab, steckte es an eine Nadel, und hielt es in die Flamme des Lichtes. Es wurde sogleich schwarz, fieng stark an zu rauchen, entzündete lete sich sogar flammend, und hinterließ eine kleine Portion von einer lockern schwarzen Kohle. Nun gieng mir schnell ein Licht auf; kaum konnte ich den Morgen erwarten, als ich sogleich ein gewisses Gewicht Kugellack in einem Schmelztiegel ins Feuer setzte, und darinn bis zum durchglühen ließ. Es stieg beständig ein Rauch davon auf, der nach verbrannten Gewächsen roch, und es blieb eine schwarze leichte Kohle zurück, die nur den viertel Theil des anfänglichen Gewichts betrug. Daraus erkannte ich nunmehro deutlich, daß der Grundstoff zum Kugellack nicht im Mineralreich gesucht werden müsse; ich wandte mich demnach zum Gewächsreiche. Endlich kam ich nach verschiedenen angestellten Versuchen, deren Anführung hieher nicht gehöret, auf einen Weg, welchen ich für den richtigen erkannte, wodurch ich in den Stand gesetzt wurde, folgende Beschreibung des venetianischen Kugellacks hieher zu setzen:

Man ziehe aus einem halben Pfunde geraspelten Fernambuck mit sattsamen kochendem Wasser alles Farbwesen aus, und kläre die Brühe durch ein linnenes Tuch wohl ab. Darauf schlägt man das Farbewesen daraus mit Zinnauflösung nieder. Nachdem sich solches zu Boden gesetzt, wird das überstehende helle Wasser ab, und frisches Brunnenwasser darauf geschüttet, und solches Abschütten und Aufgießen noch 3 bis 4mal wiederhohlet. Zuletzt bringt man den schönen rothen Nie-

derverschlag auf etliche über einander gelegte Bogen ungeleimtes Druckpapier, die auf ein ausgespanntes linnenes Tuch gebreitet worden sind. Während der Zeit, als dies geschiehet, weichet man 2 Unzen Tragant mit 3 Pfunden Wasser ein, und stellet das Gefäß an einen warmen Ort; sobald dieser ganz durchquollen, preßt man den Schleim durch ein linnenes Tuch. Nun schlägt man 2 Pfunde Bärnlappsaamen, oder Lykopodium, durch ein feines Pulversieb, schüttet solches in einen Mörser, und mischt so viel Tragantschleim, oder arabisches Gummi mit Wasser aufgelößt, darunter, daß daraus ein ganz steifer Teig wird. Zu solchem mischet man nun die auf dem Papier befindliche weiche Farbe, stößt in dem Mörser alles recht wohl durch einander, und bildet aus dem Teige Kugeln von der gewöhnlichen Größe. Man leget solche in saubere Schachteldeckel, und läßt sie mit Papier bedeckt, für sich langsam abtrocknen. Dieser Kugellack besitzt alle auszeichnende Eigenschaften des Venetianischen: er ist so leicht, als jener, schwimmt auf dem Wasser, wie jener, hat eben die Härte, als jener, und in der Schönheit der Farbe übertrift er sogar jenen noch weit. Obgleich dieser Kugellack in den vorzüglichen Haupteigenschaften dem Venetianischen vollkommen ähnlich ist, so will ich doch nicht behaupten, daß der Bärnlappsaamen wirklich die Grundlage des letzteren ist, weil ich zwischen beiden Farben unter den Zähnen noch einen merkli-

chen

schen Unterschied spüre, wenn man sie im Munde zerkauet. Vielleicht glückt es einem andern, die eigentliche wahre vegetabilische Grundlage dieser Farbe zu finden, worauf ich diesmal keine weitere Zeit wenden kann.

Nimmt man anstatt des Bärlappsaamens feine durchgesiebte weisse Stärke in gleichem Verhältniß, und stößet sie eben so mit Traganteschleim zu einem Teige an, so erlangt man einen Kugellack von einer vortreflichen Farbe, der, wie jener, als Wasserfarbe gebraucht werden kann, welcher nur etwas schwer ist, nicht auf dem Wasser schwimmt, aber dagegen um ein beträchtliches wohlfeiler erlangt werden kann.

III. Artikel.

Von der Bereitung der Pariser Schminke.

Man nimmt getrocknete Saflorblumen, thut solche in leinene Säcke, die man in fließendes Wasser legt, oder wenigstens die Sorgfalt trägt, selbiges oft zu erneuren; eine mit hölzernen Schuhen versehene Person steigt auf den Sack, und tritt ihn, bis das Wasser ohne einige gelbe Farbe, und ganz klar herausläuft: nach dieser ersten Verrichtung, mischt man zu dem Saflor, ohngefehr fünf bis sechs Hunderttheile seines Gewichts, Sodesalz oder Potasche, gießt kaltes oder durchgeseihtes Wasser darauf, und erhält eine gelbliche Flüßigkeit, welche mit Zitronensaft versetzt, eine Art Satzmehl fallen läßt, so sich an den Boden der Gefäße anhängt, in welchem sie stehen bleibt, und welche man aus einem Gefäße in ein anderes gießt, bis sie an aller rothen Farbe erschöpft ist; dies ist das nämliche Satzmehl, welches, mit gepülvertem Talke gemengt, (so giebt auch Herr Färber einen Specksteinartigen Stoff zum steten erdigten Grundstoff der rothen Schminke an, dessen verschiedene Sorten, die Brianzoner, oder spanische Kreide, und eine feinere venetianische Talkgenannte Art, von den Materialisten gepülvert, und auf einem Reibestein abgerieben, vorräthig gehalten, und an die Schminkbereiter verkauft werden,) und mit Zitronensaft, oder auch Wasser angefeuchtet, einen Teig giebt, den man in Töpfen trocknen läßt. Ob diese Art Roth gleich sehr im Handel verbreitet ist, so giebt es doch noch eine andere, nicht so schöne und theure Art, welche in Päkchen verkauft zu werden pflegt. Dieses Roth wird aus Karmin gemacht, welcher bekanntlich eine Bereitung aus der Cochenille ist; man verkörpert diesen färbenden Stoff ebenfalls mit Talk, befeuchtet und trocknet ihn auf die nämliche Weise. Es hat aber auch der hohe Preiß des färbenden Stoffes, des Saflors und des Karmins, zuweilen Gelegenheit gegeben, Zinnober oder Vermillon anstatt derselben zu nehmen, und man findet wirklich alte Vorschriften, in welchen

sol-

solcher allein, oder zum Theil zu nehmen geheisen wird. Diese Bereitung des Rothes könnte manchen Nachtheil verursachen, ist aber dem Anscheine nach sehr wenig im Handel verbreitet, weil sich unter einem Dutzend Proben von Roth, so die Herren Lavoisier und Jussieu sich von Pariser Parfumeurs und Krämern hohlen, und zwar mit Fleiß die gemeinsten Arten fordern lassen, nicht eine einzige gefunden hat, welche etwas anders als Cochenille und Saflor enthalten hätte. Pfingstens Farbmaterialien.

V. Abschnitt.

Von Verfertigung verschiedener gelber Farben.

I. Artikel.

Von Verfertigung der Schüttgelben-Farbe.

In einen grosen Kessel gieset man auf 12 Pfund von reinem fließenden oder auch Regenwasser, bis solches ohngefehr 4 Zoll darüber stehet. Alsdann schüttet man 5 Unzen Alaun dazu, und läßt alles zusammen so lange über dem Feuer kochen, bis alles Farbewesen ausgeschieden ist.

Nunmehro wird der Kessel von dem Feuer gehoben, und alles zusammen auf ein über einer Bütte gespanntes linnenes Tuch geschüttet.

Die abgelossene Brühe wird alsdann wieder in den Kessel gegossen, und wenn solche zum andernmal anfängt zu sieden, so schüttet man so viel fein geschlemmte Kreide hinzu, bis daraus ein dünner Brei entstehet, lasset solche unter einem beständigem Umrühren noch eine Viertelstunde kochen, und schüttet den gelblichen Brei auf ein mit ungeleimten Papier bedecktes ausgespänntes linnenes Tuch, und laßt ihn an der Luft und am Schatten trocken werden.

Das Schlemmen der Kreide geschiehet folgendergestalt: Man stößet die Kreide in eisernen Mörsern zu einem Pulver, schüttet alsdann solches in eine grosse Bütte, und gieset Wasser in genugsamer Menge darauf, rühret den Brei mit einem Rührscheid stark um, und lasset solchen fünf Minuten lang ruhig stehen. Das entstandene weißgefärbte Wasser, wird darauf in eine andere Bütte behutsam geschöpft, damit sich die feine Kreide zu Boden setzen kann; das darüberstehende nunmehr hellere Wasser aber wird wieder abgegossen und die Kreide zum Trockenen auf ein ausgespanntes Tuch geschüttet. Dieses ist die feinste Kreide, welche zu dieser Farbe am besten dienet.

Un-

Anmerk. Auf gleiche Weise können auch zu Bereitung dieser Farbe die Avignonbeeren und das Birkenlaub. Imgleichen die Curcumawurzel angewand werden.

II. Artikel.

Von Verfertigung des Neapolitaner-Gelbes.

Diese schöne Farbe wird gewöhnlich unter dem Namen Giallolino aus Neapolis verkauft, wo man lange genug die Käufer mit dem vorgeben getäuscht hat, daß sie eine vom Vesuv ausgeworfene Materie sei. Die älteste Nachricht von ihrer künstlichen Bereitung hat Herr Professor Beckmann aus einer Schrift des Abts Joh. Baptista Paßeri angeführt. Es werden darinn nur folgende Bestandtheile angegeben, nemlich 1 Pfund Spießglaß, 1 1/2 Pfund Blei, Alaun und Kochsalz von jedem eine Unze; von der Vorbereitung aber ist so wenig, als von dem Hauptverfahren etwas angegeben worden. Wahrscheinlich muß nach der Natur der Sachen das Spießglas und Blei zuvor für sich allein verkalkt werden, dann erst kann man die andern beiden Stücke untermischen, und zur gemeinschaftlichen Calcination aussetzen, wie sie bei der nachfolgenden Art beschrieben ist. Die zweite Vorschrift rührt von Herrn Fougeroux de Bandaroy her, und stimmt in der Hauptsache mit jener überein. Hiernach werden 12 Theile reines, ächtes Bleiweiß, 3 Theile schweißtreibender Spießglaskalk, Alaun und Salmiak, von jedem ein Theil, trocken auf einem Porphyr mit einander vermischt. Hierauf schüttet man es in einen mit einem Deckel versehenen Schmelztiegel, setzt ihn in das Feuer und unterhält es etliche Stunden ganz gelinde, dann verstärkt man es etliche Stunden, und zuletzt läßt man es noch 3 Stunden lang in einem solchen Grad fortdauren, daß der Tiegel dunkelroth glüht. Nach Verfließung dieser Zeit findet man die Masse in ein sehr schönes gelb verwandelt. Will man es mehr goldfarbig haben, so vermehrt man das Gewicht des Spießglaskalkes und des Salmiaks.

Anstatt des schweißtreibenden Spießglaskalkes dürfte sich wohl wahrscheinlich der graue Spießglaskalk vortheilhafter dazu schicken. Pfingstens Farbmaterialien.

VI. Abschnitt.

Von Verfertigung einer braunen Farbe.

Man löset zwei Theile blauen Kupfervitriol oder sogenannten cyprischen Vitriol, und einen Theil Sedlitzer Bittersalz in

einer

einer reichlichen Menge Fluß- oder Quellwasser auf, filtrirt die Solution, und gießt alsdann eine gesättigte Auflösung von gereinigter Potasche hinzu, da denn eine Effervescenz oder ein Brausen entstehet, und ein seladonfarbiges Pulver niedergeschlagen wird. Man gießt von der Potaschensolution so lange etwas hinzu, bis nichts mehr niederfällt, und kein Brausen mehr erfolgt, auch wenn die Vermischung mit einem Stäbchen umgerühret wird. Hierauf wird das niedergeschlagene Pulver von der Flüßigkeit vermittelst des Durchseigens abgesondert, mit Wasser ausgesüßt und getrocknet. Dieser Präzipitat ist nun nichts anders, als ein mit der alkalischen Erde des Bittersalzes vermischter Kupferkalk, die beide von der Vitriolsäure, womit sie verbunden waren, durch das feuerbeständige alkalische Salz abgeschieden und niedergeschlagen worden. Wenn derselbe völlig trocken ist, so thut man ihn in einen Schmelztiegel, den man in das Feuer setzt und glühend werden läßt. Das Feuer verändert die Farbe des Pulvers, und es wird dasselbe innerhalb weniger Zeit dunkelbraun, worauf man den Schmelztiegel aus dem Feuer wieder heraus nimmt, und erkalten läßt. Es ist auch nicht undienlich, das Pulver, insonderheit wenn man davon eine ansehnliche Quantität genommen hat, zuweilen mit einem kupfernen oder Messingenen dicken Drath umzurühren, damit das Feuer allenthalben gehörig wirken könne, und die Farbe desto gleichförmiger ausfalle. Das also erhaltene Pigment hat nicht nur eine recht dunkelbraune angenehme Farbe; sondern ist auch sehr fein und theilbar; es läßt sich sowohl mit Wasser als mit Oel leicht und gut vermischen, und zertheilt sich in beiden ungemein; es giebt auch eine dauerhafte Farbe, die nicht abschießt. Man kann selbiges mit Wasser, worin weißer Kandiszucker und arabischer Gummi aufgelößt worden, anmachen, und damit auf Papier mahlen." Die Gemälde haben eine schöne Farbe. Ingleichem kann man es mit Nußöl, (welches vor andern fetten ausgepreßten Oelen geschwinder trocknet) vermengen, und damit auf Holz mahlen, da denn die Mahlereien auch sehr gut aussehen, und sich eben so wenig, als die Vorhergehenden mit Wasser bereiteten, in der Farbe verändern. Man wird sich dieses Pigments in der Mahlerkunst zu verschiedenem Gebrauch, als Landschaftsgemälden, Portraiten und andern mehr, mit Nutzen bedienen können. Pfingstens Farbmaterialien.

VII. Ab-

VII. Abschnitt.

Von Verfertigung verschiedener blauen Farben.

I. Artikel.

Bereitung des Indigo.

Die in ganz Europa sehr bekannte und unentbehrlich gewordene Farbwaare, der Indigo, welcher in Ost- und Westindien zubereitet, und durch den Handel in unsern Welttheil gebracht wird, macht seit langer Zeit nicht allein einen der vornehmsten Zweige der asiatischen Handlung aus, sondern ist auch für die Kolonien, welche die Europäer in Amerika errichtet haben, eine Quelle ihres Wachsthums und ihrer Reichthümer geworden. Schon lange ist er, vor der Entdeckung von Amerika, in Asia und Afrika vorhanden gewesen; aber er ist in Europa nur erst seit jener Entdeckung, anfänglich nach seinem blosen Daseyn, dann aber auch nach seiner Verfertigungsart, bekannt geworden.

Nach den verschiedenen Beschreibungen, welche wir aus jenen Welttheilen von dem Gewächse, woraus der Indigo dort bereitet wird, erfahren haben, so ist es eine ausgemachte Wahrheit, daß es ganz verschiedene Gewächse sind, die zu dessen Bereitung angewendet werden. Auch das Verfahren selbst ist hie und da unterschieden, daher auch nothwendig das Produkt ganz anders ausfallen muß. In einigen Gegenden von Ostindien sind diese Gewächse natürlich einheimisch gewesen, ihr Saame aber nach aller Wahrscheinlichkeit durch die Chineser, welche viele Inseln von Niederindien bewohnen in die Moluckischen Inseln und nach Amboina gebracht worden, von da ihn die Spanier in die Amerikanischen Inseln mitgenommen, und allda den Anbau der Indigo Gewächse weiter in Gang gebracht haben.

Der Name des vorzüglichsten Gewächses, woraus der Indigo in Indien bereitet wird, heißt Anib; die Araber nennen es Nil.

Indem ich nun allhier die Bereitungsart des Indigo, eines Kunstprodukts fremder Welttheile beschreibe, so dürfte leicht da[illegible] der Gedanke aufsteigen, daß uns Deutschen diese Beschreibung nichts nützen könne. Damit man aber nicht aus möglicher Uebereilung unrichtig Urtheile, so will ich gleich meinen Bewegungsgrund beifügen. Mir scheint dieser Gegenstand von groser Beträchtlichkeit zu seyn, und vielleicht werden verschiedene auf meine Seite treten, wenn ich ihn erst ins rechte Licht gesetzt haben werde.

Für

Für Indigo geht jährlich eine erstaunende Summe Geldes aus Europa; und dies hat nun schon über 200 Jahre gedauret. Sollte nicht diese Betrachtung von wichtigen Folgen seyn, wenn in vielen Ländern unsers Welttheils, wo artbares Land in Ueberfluß ist, und das Getreide die meiste Zeit durch nicht mit Nutzen ins Geld gerichtet werden kann, ein neuer Nebenzweig des Gewerbes eingeführet werden könnte. Wäre es nicht in dem Fall einem und dem andern Lande sehr heilsam, wenn darinn die Indigobereitung mit Nutzen betrieben würde? Nicht leicht wird jemand solches leugnen; aber man wird schnell dagegen einwerfen, daß jene Gewächse beider Indien bei uns nicht fortkommen würden. Dies gebe ich zu; lege aber auch gleich wieder die Frage vor: Ob es nicht auch bei uns einheimische, oder einheimisch gewordene Gewächse gäbe, die eben sowohl von Natur zur Indigobereitung geschickt wären? Ich behaupte dies nachdrücklich. Nur muß man den allgemeinen irrigen Gedanken fahren lassen, daß es auf der ganzen Erde nur eine einzige Gewächsart giebt, die Indigo liefert. Die Geschichte jener Welttheile und ihrer Länder sagt es ausdrücklich, daß auch dort Indigo aus sehr verschiedenen Gewächsarten gemacht werde; und eben darinn mag auch wohl der Grund von den so verschiedenen Sorten des Indigo, welcher aus Ost- und Westindien eingeführet wird, herrühren. Kommt gleich bei

uns

uns kein Anib fort, so wird doch die Kultur unserer Waydpflanze schon seit vielen Jahrhunderten, besonders in hiesiger Gegend, betrieben; eine Pflanze der man alle Erfordernisse eines Indigogewächses nicht absprechen kann.

Allerdings haben auch schon lange verschiedene Gelehrte eben diesen Gedanken gehegt; es sind auch schon zu wiederhohltenmalen Versuche damit angestellt worden, und dennoch immer keine Ausführung im Grosen unternommen worden, woraus sich leicht vermuthen liesse, daß die Sache entweder falsch, oder nicht nützlich sei. Allein es liesse sich eher beweisen, daß bei den angestellten Versuchen im Kleinen mehr Kunst angewandt worden, als dazu nöthig ist, daß dadurch die Kosten erhöhet worden, und daß solches noch dazu auf die Güte des Produkts eine nachtheilige Folge gehabt habe; es ist aber hier der Ort nicht mich darauf einzulassen. Ich werde aber nur kürzlich den Satz behaupten: daß aus unserm deutschen Wayd mit Nutzen Indigo gemacht werden könnte. Der Beweis wird gültig genug seyn, wenn ich anführe, daß nun schon seit 3 Jahren in einem zwischen Erfurt und Gotha liegenden Orte, Neu-Dietendorf genannt, von einer herrnhutischen Gemeinde jährlich auf 300 Pfunde Indigo aus Wayd verfertiget worden, welcher auch in einer hiesigen Färberei und Druckerei probiret, und

voll-

vollkommen gut befunden worden ist. Ich habe selbst Proben davon in Händen, die von einem andern französischen Indigo nicht zu unterscheiden sind. Er löset sich nemlich im Vitriolöl auf, und bringt dadurch die schönste blaue Farbe hervor.

Dies mag als Einleitung zur folgenden Beschreibung genug seyn, die ich aus diesem Gesichtspunkte zu beurtheilen bitte, daß ich aus patriotischem Triebe hoffe, man werde nun vielleicht in Deutschland bald diese Nachrichten zur nähern Belehrung suchen. Ich werde in folgenden die ganze indianische Bereitungsart des Indigo, aber nicht aus dem Anil, sondern aus unserm deutschen Waydkraute beschreiben, von deren Richtigkeit ich mich selbst durch meine eigene Versuche überzeugt habe.

Kap. I.

Beschreibung des Waydkrauts, und dessen Kultur.

Es hat diese Pflanze große gekerbte Wurzblätter; die Stammblätter sitzen fest auf ihnen, sind aber gleichförmig, hellgrün, ziemlich dick, unten breit, nach oben zu schmal, blaugrün und glänzend.

Ihre Stengel werden 3 bis 4 Schuhe hoch, und Fingers dick; sie theilen sich oben in verschiedene Zweige, mit vielen ohne Ordnung daran herunter hangenden Blättern, welche viel ähnliches mit den Blättern der Hundszunge haben. An den Zweigen stehen viele Blumen mit 4 gelben Blättern, die Kreuzweise gewachsen sind. Sie blühet im andern Jahr vom Mai bis Junius.

Die Blumen hinterlassen eine kleine länglichte Schote, oder zungenförmige Frucht, die bei der Zeitigung schwarz wird; am Rande ist sie platt, in 2 gleiche Theile gespalten, mit breiten Ecken versehen, worinn 2 länglichte eiförmige meist blaue Saamenkörner stecken.

Die Blumen stehen in einem kleinen eiförmigen Behältniß, das aus 4 eiförmigen bunten Blättern bestehet, in deren Mitte 6 Fäserchen wachsen, davon 4 so groß wie die Blätter der Blumen, 2 aber kürzer sind. Auf diesen sind länglichte Knospen, die seitwärts stehen; in dem Mittelpunkt liegt der Grund der Frucht, welche länglicht, an beiden Seiten eckigt, und nicht höher, als die 2 kurzen Fäserchen; wenn die Blume und das Behältniß, worinn sie stehet, abfällt, so ist sie reif. Man hat unterschiedene Gattungen von Wayd; der gemeine breitblätterichte Feldwayd verdient allein die Achtung des Landmannes. Von dieser Gattung ist die

jeni-

jenige mit kleinen schmalen Blättern, wilder Wayd genannt wenig unterschieden. Der Saame ist nur etwas kleiner, als vom vorigen; er trägt zwar auch guten Wayd, doch kommt er dem vorher erwähnten nicht gleich. Der Landmann muß sich vor der Vermischung des Saamens hüten.

Die Wurzel ist dickholzig, groß, lang, und geht tief in die Erde hinunter.

Zum Anbau des Waydkrauts in Deutschland wird folgendes Erdreich und Zubereitung desselben erfordert.

I. Die Erde muß leicht, schwarz, mild und fruchtbar seyn. 1) Es taugt sehr wohl ein fetter, und noch dazu gedüngter Sandboden, oder eine erst umgebrochene Wiese. 2) Nichts taugt weniger, als ein steinigter Boden, und ein Feld, das keinen tiefen Grund hat. 3) Der Lage nach sind die Felder gut, welche in der Ebene liegen, noch besser aber diejenigen, welche an der Mittägigen oder Sommerseite einer Anhöhe liegen.

II. Zur Zubereitung der Erde gehöret: 1) daß man, wenn das Feld in der Ebene liegt, und das Wasser nicht von selbst ablauft, Wasserfurchen mache, je nachdem das Erdreich weniger oder mehr geneigt ist, das Wasser an sich zu halten. Daß man das Jahr zuvor, ehe man Wayd auf ein Feld pflanzet, dassel-

dasselbe gut Dünge, und zwar wo möglich, mit Schaafmist, hernach Weizen oder Zwiebeln, u. d. m. darauf baue, und wenn die Erndte vorbei, das Feld mit dem Pfluge, oder noch besser, mit Spath oder Hacke dreimal umarbeite. Das erstemal geschiehet es im November, und dann im Februar und März, oder April. Vor der Saat ebnet man das Feld, so daß die Schollen, oder Erdklöße, mit der Egge zerreissen, oder mit Schlägeln zerschlagen werden.

III. Das Säen und Pflanzen geschiehet also: Man säet das Waydkraut im Anfange des Aprills, oder wenn es noch zu kalt seyn sollte, etwas später. Wenn es die Witterung verstattete, so könnte man schon im Januar oder Februar in das zubereitete Winterfeld säen, und Untereggen lassen, denn diesem Saamen schaden Frost und Schnee nichts. Säet man ihn aber in die Brache, so geschiehet es im März, oder doch längstens im April. Man braucht zu einem Acker nur die Hälfte des sonst gewöhnlichen Saamens von andern Früchten, und weil derselbe leicht ist, so muß man ihn bei stillem Wetter säen, und ihn mit eben so viel Heckerling vermengen, damit er sich desto besser zertheile. Er wird so dünn gesäet, daß eine Pflanze vor der andern ungefehr einen halben Schuh abstehet. Stehet er dicker, so muß ein Theil ausgeraufet werden. Denn wenn sie zu dicht stehen, so bleiben die Pflanzen klein, und brin-

bringen wenig Blätter. Der Saame wird durch die Egge oder Rechen zugedeckt.

Wenn der Saame in der vierten Woche aufgegangen ist, so muß man, so bald die Waydpflanzen zu erkennen, und einen Finger lang sind, alles Unkraut und die überflüßigen Waidpflanzen ausgäten. Dies ist unumgänglich nöthig. Besonders muß man auch den falschen Wayd mit rauhen Blättern, der sich leicht darunter mischt, und die Kraft des Guten verdirbt, bei solcher Gelegenheit mit zu vertilgen suchen. Weiter fälget man auch etlichemal, indem man das Unkraut ausrauset, und zugleich Erde unten an die Waydstöcke häufet. In Ländern, wo man Wasser genug bei der Hand hat, wässert man auch wohl den Waydacker. Allein, wenn man nicht so viel Wasser hat, daß man es oft wiederhohlen kann, so ist es besser, wenn man es unterläßt, weil die Sonne alsdann den Boden nur desto härter macht.

IV. Die Wayderndte, oder Einsammlung der Blätter des Waydkrauts, geschiehet wenn die Witterung gut ist 3mal in einem Sommer. Nur müssen die letzten Blätter noch vor den ersten Frost gesammlet werden, sonst taugen sie nichts. Die Reife der Pflanzen oder die Zeit, sie abzuschneiden, erkennet man an der Gelbwerdung der untersten Blätter.

Will man aber Saamen ziehen, welcher erst im andern Jahr erscheint, so muß man einige Stöcke über Winter stehen lassen, ohne ihnen alle Blätter zu benehmen; doch darf man sie ihnen aber auch nicht alle lassen, sonst kommen die Blüten zu bald, und leiden im Frühlinge von der Kälte. Am besten ist es, wenn der Saame erst im August des andern Jahres reif wird.

Dem Wayd schadet nichts mehr, als: 1) Unkraut; 2) trockne Witterung, und 3) Heuschrecken, welche oft in einem Abend ein Feld abfressen. Spüret man letztere, so ist es am besten, sogleich die ganzen Pflanzen abzuschneiden; denn die Wurzel treibt hernach wieder auf das neue.

Man kann ein Feld nicht nach einander fort mit Wayd bepflanzen, sondern man besäet solches im zweiten Jahr mit Weizen, im dritten mit Hürsen, und erst im vierten wieder mit Wayd. Aber dabei muß der Dünger nicht vergessen werden.

Die Thüringische Weise, den Wayd zu bauen, ist folgende.

I. Man düngt einen Acker, der künftig Brach liegen sollte, gleich nach Einerndtung der Sommerfrüchte sehr stark mit guten wohl verfaulten Mist, breitet solchen auf den Acker gleich aus, und pflüget ihn alsobald unter;

wobei es rathsam ist, daß eine Person hinter dem Pfluge hergehet, und den Dung in die Furche thut, damit er mit Erde bedeckt werde. Im Frühlinge pflügen einige den Acker noch einmal, sobald es geschehen kann, da ihn dann die noch einfallende Fröste recht mürbe machen.

II. Ungefehr in der Mitte des Märzes, wenn es die Witterung verstattet, säet man bei Windstillen Wetter auf einen thüringischen Acker 2 1/2 Pfund Saamen, welcher nicht zu dick muß gesäet werden. Diesen egget man am kürzesten unter die Erde, und überfähret hernach die Erde mit einer kleinen Egge. Nach 5 bis 6 Wochen geht er auf.

III. Wenn er 4 Blätter hat, so schaft man sowohl das Unkraut, als die überflüßigen Waydpflanzen, weg, die einander zu nahe stehen. Letztere sollen ungefehr 9 bis 12 Zoll von einander entfernt seyn. Das Gäten wiederhohlt man so fort alle 14 Tage.

IV. Sobald nur die untersten Blätter gelb zu werden anfangen, so kniet man zu jedem Stocke hin, faßt die sämmtlichen Blätter in eine Hand zusammen, und stößt sie mit der andern Hand durch ein scharfes Stoßeisen ab, wozu auch ein jedes langes Messer dienen kann; doch nimmt man die Krone flach, und verletzt keinen Nebenkeim der Wurzel.

Bei dem Stechen ist vornämlich dahin zu sehen, daß es nicht zu hoch und zu niedrig geschehe; daß das unterste Blatt mit abgehet, damit beim zusammenrechen die Stauden beisammen bleiben, kein Blatt liegen bleibt, und das Zusammenharken in weniger Zeit geschiehet. Bei dem Winterwayd geschiehet das Stechen gemeiniglich nach Pfingsten; bei dem im Frühjahr gesäeten aber nach Johannistag. Es werden dabei alle Blätter der Pflanzen mit einem besonders dazu verfertigten scharfen Eisen von der Wurzel, aber ohne sie zu beschädigen, bei gutem Wetter abgestossen, mit breiten Körben Haufenweise zusammen getragen, und auf Wagen, die zu dem Ende mit flechten versehen seyn müssen, vom Lande weggefahren. Weil die Blätter gemeiniglich staubig sind, so fährt man sie an einen Fluß, und wäscht sie in großen Weidenkörben, die man mit Blättern angefüllt, etlichemal in den Fluß taugt. Nach 4 bis 5 Wochen können die Blätter schon wieder, wie das erstemal, abgestochen werden, und bei guter Witterung kann es auch wohl noch im Spätherbst zum drittenmale geschehen. Findet aber das letztere keine statt, so läßt man die Stöcke über Winter stehen, und stößt die Blätter im Frühjahre ab; es sind aber solche alsdann schlechter an der Güte.

Ehe nunmehro das weitere Verfahren mit dem eingeerndeten frischen Waydkraute beschrieben werden kann, muß nothwendig das

dazu

dazu erforderliche Geräthe in Bereitschaft stehen, wovon im folgenden Kapitel Nachricht ertheilt werden wird.

Kap. II.

Von denen Gebäuden, Gefässen, und Geräthe, zu einer Indigomanufaktur.

Der Ausdruck Indigoterie bezeichnet überhaupt ein Stück Land, wo man das Indigogewächs bauet, nebst den Gebäuden, Gefässen und Geräthen die zur Arbeit gehören, und besonders werden dadurch die gemauerten großen Gefässe, welche Küpen genennt werden angezeigt, worinn die Hauptarbeit angestellt wird. In dieser letzten Bedeutung besteht eine jede Indigoterie aus dreien zusammenstoßenden Gefässen, die durch Zwischenmauern mit einander verbunden werden. Es könnten diese Gefässe zwar auch von Holz gemacht werden; aber es haben die gemauerten in Ansehung der Dauerhaftigkeit vor den hölzernen einen überaus großen Vorzug. Diese 3 Gefässe werden stufenweise gesetzt, so daß das Wasser, welches in das erste gegossen wird, durch Röhren in das andere, von dem in das dritte, und von diesem ins Freie herausläuft.

Das erste von diesen Gefässen wird die Weichküpe, oder Gährungsküpe, genennt. Darein thut man das frische Kraut, um es einzuweichen, und vergähren zu lassen. Dieses wird am erhabensten gestellt. Das andere etwas niedriger stehende Gefäß wird die Schlage oder Rührküpe genannt, weil man in solches die gegohrne Farbebrühe laufen läßt, um sie durch Schlagen oder Rühren gehörig zu behandeln. Das dritte Gefäß ist eigentlich nur ein kleines eingeschlossenes Behältniß, und wird die Ruheküpe genennet. Der Boden bestehet größtentheils aus einer Fläche; nur auf einer Seite macht er ein kleines Becken aus, welches zum Unterschiede die Setzküpe genennt wird.

Diese erwähnte Setzküpe, welche in die Fläche der Ruheküpe eingegraben ist, bestehet aus einem kleinen besondern Gefässe, welches bestimmt ist, den dicken Farbesatz, der aus der Schlageküpe kommt, aufzunehmen. Sie muß unter dem Horizont des Grundes dieser Fläche, und so angebracht werden, daß sie an die Mauer der Schlageküpe stößt. Man setzt sie gewöhnlich gerade in die Mitte dieser Seite, und zuweilen in eine von den Ecken, aber allezeit auf die Seite der Schlagküpe. Sie ist mit einem kleinen Rande versehen, damit das Wasser, daß sich auf dem Boden der Ruheküpe befinden könnte, nicht hinein fließen möge.

Das-

Dasjenige, was von der Zusammensetzung dieser 3 Gefässe angeführet worden, findet nur bei den einfachen, oder von einander abgesonderten Indigoterien statt; denn wenn es sich schickt, daß man mehrere Gährungsküpen anlegen kann, so vermindert man dadurch die Anzahl der Schlägeküpen, und folglich auch die Zahl der Setzküpen um die Hälfte. Man wird in dem Entwurf der zusammengesetzten Indigoterien die ganze Ordnung antreffen, die sich auf diese Einrichtung beziehet.

Der Boden dieser 3 grosen Gefäße ist platt, mit einem Abhange von ungefehr 2 bis 3 Zoll um den Ablauf des Wassers aus einem in den andern zu erleichteren. Von der Setzküpe muß der Boden eine ausgehöhlte Form haben, deren Umfang rund und eiformig ist. Dabei kommt auch noch zu bemerken vor, daß sich selbst auf dem Boden der Setzküpe ein anders kleines Loch, oder eine runde Form, die einem Hutmacherstocke ähnlich siehet, befinden muß, woraus man mit einer Kelle den letzten Theil des Farbesatzes vollends herausschöpft, welcher des Anhanges wegen immer dahin ablauft.

Das erste Gefäß muß einen Spund mit einer Röhre, oder einem Hahne von 3 Zollen im Durchmesser unten am Boden haben, welches alles nach der Gröse der Küpe eingerichtet seyn muß. Das andere Gefäß hat einen

Spund, welcher mit der Setzküpe perpendicular ist, und 3 Röhren, oder Hähne von 3 Zollen, im Durchmesser haben. Diese letztern stehen in einer Entfernung von 4 Zollen über einander. Die beiden erstern dienen, das Wasser zu zweien malen ablaufen zu lassen, welches nach dem Schlagen auf dem Satze stehen bleibt. Die dritte Röhre, welche nothwendig mit der Setzküpe perpendicular seyn muß, ist bestimmt, den Satz der sich auf dem Boden der Schlagküpe, mit dem sie horizontal, und sogar ein wenig niedriger seyn muß, gesetzt hat, ablaufen zu lassen. Die Fläche des Bodens vom dritten grosen Gefässe hat statt eines Spunds eine Oeffnung unten an der Mauer von ungefähr 6 Zoll im viereck, welche allezeit frei ist, und mit der Ausleerungsröhre übereinstimmt, welche die Leere genennt wird. Die darinn befindliche Setzküpe und die kleine Form brauchen keinen Ablauf, weil man aus ihnen von oben den ganzen Satz ausschöpfet.

Die Spunde sind von Holz gemacht, das nicht leicht faulet, viereckigt ausgebohrt, und in die Dicke des Mauerwerks gelegt, so wie es der Ablauf eines jeden Gefäßes erfordert. Diese Spunde sind ihrer Länge nach durchbohrt, um Röhren abzugeben. Die Höhe und Breite eines jeden Stücks sind nach der Anzahl und Weite der Löcher, die man hineinmacht, eingerichtet, und die Länge wird nach der Dicke der Mauer, in welche man es legt.

legt, abgemessen, wobei zu beobachten ist, daß die beiden Enden mit den beiden Seiten der Mauer Horizontal gelegt werden. Die Zapfen, mit welchen man die Röhren zustopft, sind rund, und von eben dem Holze, wie die Röhren.

Dergleichen gemauerte Küpen können, nachdem die Indigoterien sehr ins grosse gehen sollen, mehrere angelegt werden, und diese können entweder nahe beisammen stehen, oder entfernt von einander liegen, wie es die Umstände erfordern.

Dem ersten Gefässe wird entweder die Gestalt eines vollkommenen oder länglichten Vierecks gegeben; es muß aber dabei überhaupt folgendes Verhältniß beobachtet werden: Wenn die Länge des ersten Gefässes 10 Fuß beträgt, so muß die Breite desselben 9, und die Tiefe 3 Fuß ausmachen; wenn man eine kleine Abdachung von ungefehr 6 Zoll in der Höhe dazu rechnet, deren ganzer innerer Abhang gleichsam eine Art von Rand um die Küpe macht. Wenn die Länge 12 Fuß beträgt, so macht die Breite 10 Fuß, und die Tiefe 3 Fuß aus; das übrige wird nach voriger Art eingerichtet. Beträgt aber die Länge 18 bis 20 Fuß, so muß die Breite 16 bis 18, und die Tiefe 3 1/2 bis 4 Fuß ausmachen. Dies Verhältniß ist besonders für diejenige sehr bequem, welche auf allen Seiten im Viereck 20 Fuß betragen. Es ist aber gefährlich, wenn man diese Gefässe gar zu gros macht, weil die Gährung darin nicht so schleunig, und auf eine so gleiche Art, geschehen kann, als in denen, die von einer mittleren Gröse sind, und weil das Produkt einer grosen Küpe lange nicht so gut ist, als das Produkt von zwo andern, welche zusammen eben so viel Kraut enthalten. Die mittlere Gröse von 12 Fuß Länge ist die gewöhnlichste und beste.

Obgleich die Weite des andern Gefäßes auf die Menge und Eigenschaft des Indigo keinen Einfluß hat, so ist es doch nöthig, daß man es nicht zu groß, und die Ränder desselben ziemlich hoch macht, wobei folgende Punkte zu beobachten sind:

Erstlich muß man auf die Lage des Bodens der Weichküpe acht geben; denn man ist zuweilen genöthiget, ihn sehr niedrig zu machen, um die Ausfüllung zu erleichtern.

Zweitens muß man untersuchen, ob man 3 oder 3 1/2 Fuß unter dem Horizont des Bodens der Weichküpe den Boden der Schlagküpe, und zwar so anlegen kann, daß selbiger 6 Zoll über der Fläche der Ruheküpe einen Ablauf, und die Ruheküpe einen gehörigen Ausfluß in einen benachbarten Graben oder Lache habe; den außerdem muß man den Grund der Küpe so weit erhöhen, daß man diesen Zweck erlangt. Wenn man hievon ver-

versichert ist, so kann man alsdann den Umfang der Schlagküpe bestimmen, welche allezeit auf einer Seite 1, 2, oder 3 Fuß länger seyn muß, als auf der andern; aber dieser Umfang kann nur nach Berechnung der Menge der Kubikschuhe des Wassers, welches die Weichküpe enthalten soll, wenn sie mit Kraute angefüllt, und das Wasser 6 Zoll vom Rande entfernet ist, bestimmt werden. Daher muß man allezeit die Menge der Fuße seiner Länge durch die Menge der Fuße seiner Breite, und alsdann das Produkt dieser beiden Größen durch die Zahl der Fuße seiner Höhe multipliciren; ohne die Ränder dazu zu rechnen, welche 6 Zoll betragen. Wenn man diese zwote Multiplication gemacht, und das Produkt herausgebracht hat, so ziehe man für den Ort, den das Kraut im Gefässe einnimmt, den dritten Theil davon ab. Dasjenige nun, was nach dem Abzuge übrig bleibt, gleicht der Menge der Kubikschuhe des Wassers, welches das Bassin der Schlageküpe fassen muß, dem man ein solches Verhältniß verschaft, daß seine Länge, wenn sie durch seine Breite multipliciret wird, ein Produkt giebt, das, wenn man es mit den 3 oder 3 1/2 Fuß der Tiefe multipliciret, eine Menge des Raums giebt, die der Menge des Wassers gleich ist, das man bei Berechnung der Weichküpe bestimmt hat.

Es ist auch nöthig, daß man auf die Mauren des Baßins der Schlageküpe noch ein

Mauer-

Mauerwerk von 2 Fuß Höhe setzet, welches diesem Gefäße zum Rande dienen kann; so daß solches in allen 5 bis 5 1/2 Fuß Höhe erhält, wenn man sich der Schlagstangen bedienet, und die Küpe durch Menschen schlagen läßt; wenn man aber die Schlagstangen durch eine Mühle bewegen läßt, so vermindert man die Ränder um 6 Zolle.

Die schmalste Seite der Schlagküpe muß sich allezeit der Weichküpe gegenüber befinden; es müßte denn seyn, daß man mehrere Gefäße auf einmal durch Wasser oder Windmühlen schlagen ließe, welches dann eine andere Einrichtung erforderte.

Der Rand der Weichküpe macht, wie bereits erwähnet worden, inwendig einen Abhang in den vierten Theil eines Winkelmaßes von ungefehr 6 Zoll. Der Rand des andern Gefäßes hat auch einen kleinen Abhang, aber es ist gegen die innere Seite zu nicht so stark. Der Rand der Ruheküpe ist platt. Dieses dritte Gefäß hat keine bestimmte Größe; unterdessen dient die Mauer, welche es mit der Schlagküpe verbindet, gewöhnlich zum Maaße der Länge auf dieser oder der gegenüberstehenden Seite. Sechs bis 7 Fuß sind für jede von den beiden andern Seiten seiner Breite hinreichend.

Die Setzküpe, welche auf der Seite, da sie an die Mauer der Schlagküpe stößt, ein wenig

nig ausgeschwelft ist, hat in der Tiefe 2 Fuß, die Form oder das kleine Loch mit dazu gerechnet, und in der Breite 2 1/2, und noch darüber, je nachdem es die Große der ersten Gefäße erfordert. Das kleine Loch kann 5 bis 6 Zoll im Durchmesser, und eben so viel in der Aushohlung haben.

Die Höhe der Mauren, die das dritte Gefäß umgeben, und an die Zwischenmauern der Schlageküpe stoßen, beträgt ungefehr 3 1/2 bis 4 Fuß, wenn man den Boden der Ruheküpe zu 6 Zoll unter dem letzten Hahne der Schlagküpe rechnet. Man bringt an einer Ecke der Ruheküpe, und auf der Seite der Zwischenmauer der Schlagküpe, die selbiger zur Stütze dient, eine kleine Treppe an, um auf derselben nach Belieben hinab und herauf zu gehen.

Das Mauerwerk dieser Gefäße, und hauptsächlich des ersten, muß mit vieler Vorsicht und möglichster Festigkeit gemacht werden, damit es seine vollkommene Stemmung habe, und der grosen Gewalt der Gährung widerstehen könne. Daher macht man den ersten Grund desselben aus einem dichten Stücke von recht dauerhaften und wohl befestigtem Mauersteine, ehe man den andern Grund und die Wände darauf mauert, die ihm zur Ausfütterung dienen. Man giebt der Mauer dieses ersten Gefäßes 15, 20 bis 24 Zoll in der Dicke, hauptsächlich wenn es 20 Fuß ins

Viereck hat. Zwölf bis 15 Zoll sind zu der Dicke der andern Gefäße hinreichend; allein man muß allezeit den Grund, und alles, was unter der Erde liegt, mit groser Aufmerksamkeit mauren, damit nicht benachbarte Quellen oder Wasser, welche von den Ackern ablaufen, hineindringen. Man nimmt gewöhnlich zur Bindung dieser Art von Werken einen Mörtel von Sand und Kalk, und berappt noch überdies das innwendige dieser Gefäße mit einer Kütte, die gleich beschrieben wird.

Wenn das ganze Mauerwerk recht trocken ist, so macht man einen Kütt, der aus Kalk und zartem Ziegelmehl besteht, womit man die ganze Oberfläche und die Ränder der Gefäße überstreichet. Man polirt auch das Werk, so wie es trocknet, mit feinen Kellen, damit es eine recht glatte Oberfläche erlange.

Weil auch eine angefüllte Küpe leicht durch einen kleinen Ritz auslaufen kann, so muß man die entstandenen Risse mit einem Kütte, der aus gleichen Theilen lebendigen Kalk Ziegelmehl und Hammerschlagpulver bestehet, welches alles mit so wenig Wasser, als möglich, angefeuchtet wird, ausstreichen.

Der Ruhm des Chinesischen Küttes, welcher Sarangousti genennt wird, veranlaßt mich, ihn auch mit anzuführen. Er besteht

aus

aus trocknem Pech, gesiebtem lebendigen Kalk und Kokusnußöl, an dessen Statt Leim oder Hanföl gebraucht werden kann. Aus diesen 3 Stücken macht man einen Teig, welcher auf einem Klotze mit einer Keule so lange geschlagen wird, bis er sich ziehen läßt, und zu der Absicht geschickt worden ist. Dieser Teig wird im Wasser außerordentlich hart, und weiß wie Porcellän, daher man sich desselben auch bedienet, zerbrochene Porcellaingefäße wieder zusammen zu kitten.

Es ist auch zur Erhaltung dieser Gefäße, da sie im ganzen Jahr nur eine kurze Zeit gebraucht werden, zu beobachten nöthig, daß allezeit so lange sie nicht gebraucht werden, eine Menge Wasser darin erhalten werde, damit sie von der Hitze und starken Austrocknung keine Ritzen bekommen, und Schaden leiden. Ueberdies richtet man einen leichten Schoppen, mit einem breternen oder Strohdache versehen, darüber auf, um sowohl diese Gefäße selbst, als auch die Arbeiter für Hitze und Regen zu verwahren.

Auch ist es noch schlechterdings nothwendig, daß man die allzu starke Ausdehnung des Krauts in der Weichküpe zu verhindern, über deren Rand es außerdem bald heraustreten würde, 4 Pfosten von einem dauerhaften Holze, an den 4 auswendigen Ecken derselben Küpe auf den beiden langen Seiten derselben 3 Fuß tief in die Erde schlage, nämlich 2 auf

auf einer, und 2 auf der andern Seite, dem vierten Theil der Länge des Gefäßes gegenüber. Diese Pfosten, welche Schlußbalken genennt werden, müssen noch 1 Fuß 6 Zoll über den Rand der Weichküpe reichen, und jeder an seinem Ende ein Zapfenloch, 6 Zoll in die Breite, und 10 Zoll in der Länge haben, welche bestimmt sind, die Riegel, oder die Querbalken, welch gerade von einem Schlußbalken zu dem andern über die ganze Breite der Weichküpe gehen, nebst den Keilen, zu fassen, wenn man die Riegel in die Zapfenlöcher befestiget. Die Riegel dieser Schlußbalken sind auf ihren 4 Seiten 6 Zoll, und zuweilen 8 Zoll stark gemacht.

Der Theil der Pfosten, oder Schlußbalken, welcher in der Erde steckt, muß ungefehr 1 1/2 Fuß im Durchmesser haben; derjenige aber, welcher heraus, und 1 1/2 Fuß über die Küpe gehet, muß 10 bis 12 Zoll im Viereck stark seyn.

An der Schlagküpe hingegen werden 3 Gabeln auf beiden Seiten als ein Triangel, nemlich 2 auf einer Seite, und eine in der Mitte der andern Seite, in die Erde befestiget. Sie dienen den daran zu befestigenden Schlagestangen zu Stützen.

Die Schlagestange ist ein Werkzeug, welches aus einem Kasten besteht, der keinen Boden hat, und an einen Stiel gesteckt ist.

Der

Der Kasten ist von 4 Stücken starker Breter zusammengesetzt, und siehet einer kleinen Krippe, oder einem Backtroge der Becker im Kleinen ähnlich, wovon Boden und Deckel weggenommen worden. Die obere Oeffnung ist viel weiter, als die untere; aber die beiden Seiten sind perpendikulär, oder vertikal, das ist, sie sind ganz und gar nicht breit. Die Länge des Kastens beträgt 12 bis 15 Zoll, die obere Breite 9 bis 10, die untere 3 bis 4, und die Tiefe 9 bis 10 Zoll. Uebrigens ist dieses Maaß sehr willkürlich. Um ihn mit einem Stiele zu versehen, muß man in die Mitte eines von den Bretern, das die Länge ausmacht, ein gerades Zapfenloch, und ein anderes in die Mitte der Länge des gegenüber stehenden Bretes, aber etwas tiefer, als in die Mitte machen, d. i. man muß dieses zweite Zapfenloch der Seite nähern, wo der Kasten zugemacht wird.

Hierauf steckt man ihn mit der erstern von diesen Oeffnungen an eine Stange von der Dicke eines Arms, welche auf diese Art von einer Seite zur andern schief durchgehet. Man befestigt hernach den Kasten mit einem Vorkeil, welche durch das Ende der Stange gehet. Alsdann legt man diese Stange durch die Arme der erwähnten Gabel, welche so hoch ist, daß man sich mit den Ellenbogen darauf stützen kann, und befestigt sie vermittelst eines eisernen Zapfens, der durch die Gabel und Stange geht, und dem Arbeiter wel-

 cher

cher den Stiel in der Hand hat, die Stecken läßt, den Kasten herunter zu lassen, und wieder in die Höhe zu heben.

Die Länge der Stange von ihrem Stützpunkte auf der Gabel an, welche die Mauer der Schlageküpe berühret, bis zu dem Kasten, wird nach dem Maaße der ganzen Breite der Schlageküpe eingerichtet, und einen Fuß kürzer gemacht, damit die Mauer der Küpe davon nicht erreichet und beschädiget werde.

Die Personen, welche die Küpe mit diesem Werkzeuge schlagen, müssen immer mit einander zugleich schlagen, sonst würde das Wasser über das Gefäß heraussprützen, und dadurch viel Farbe verloren gehen.

Es giebt auch Mühlen, den Auszug des Indigokrautes zu schlagen, die entweder vom Wasser, oder vom Winde, oder von Pferden getrieben werden können, wobei alles auf eine Welle ankommt, welche quer über der Schlagküpe wegläuft, und mit 4 Löffeln oder Schaufeln versehen ist, welche so lang sind, daß sie sich im herumdrehen anfüllen, und ausleeren können. Einige legen, um kürzer davon zu kommen, blos quer über die Schlagküpe eine mit Schaufeln versehene Welle, die man vermittelst zwoer Handhaben, welche an ihre beiden Zapfen befestiget sind, in der

Flü-

Flüßigkeit umdrehet, und dadurch die nöthige Bewegung verursachet.

Endlich braucht man auch linnene Säcke, die aber nicht allzu dicht seyn müssen. Diese sind gewöhnlich 1 bis 1 1/2 Fuß lang, unten breit oder spitzig, und oben 8 bis 9 Zoll weit. Oben an ihrer Oeffnung macht man Ringe oder Löcher, wodurch Schnüre oder Riemen gesteckt werden, womit man sie auf beiden Seiten an die Zapfen oder Hacken eines Wandrechens hänget, welcher an die Mauren der Ruhekupe befestiget ist, wenn sie mit der dikken breiigten Farbe angefüllt worden sind. Wenn endlich diese kein Wasser mehr ablaufen lassen, so schüttet man die darinn befindliche Farbe in hölzerne Kasten, die auch zu solchem Behuf vorräthig seyn müssen. Diese werden von leichtem Holze gemacht, deren Länge 3 Fuß, die Breite 1 1/2 Fuß, und die Tiefe 2 Zoll betragen soll, worinn der Indigo ausgetrocknet wird.

Kap. III.

Vorbereitung und allgemeine Beschreibung der Verfertigung des Indigo.

Da es sehr vortheilhaft ist, wenn man eine Menge Wasser in die Indigoterien führen kann, um damit das Kraut in der Weichküpe einzuweichen, so legt man diese Werkstätte an einem Ort an, allwo das Wasser über den Küpen gefaßt werden kann, und man unterhält den Lauf und die horizontale Fläche desselben durch eine kleine Wasserleitung, die gerade in die Küpen geht.

Das Wasser hat außer seiner absoluten Nothwendigkeit auch noch seiner Natur nach auf die Verfertigung und Güte des Indigo einen grosen Einfluß. Das Wasser von Flüssen und klaren Regenbächen ist am geschicktesten, die Pflanzen zu durchdringen und auszuziehen, wenn es nicht zu kalt oder trübe ist. Wasser das gar zu lange in Behältern gestanden hat, kann die Ausziehung verzögern, oder gar verderben, weil es dadurch gemeiniglich schon in Fäulniß gegangen ist. Gypsigte oder martialische Wasser sind offenbar schädlich.

Wenn nun der Wayd nach seiner Reife geschnitten und gewaschen ist, so bringt man ihn in die Weich- oder Gährungsküpe, und breitet ihn darinn so aus, daß es weder Klumpen macht, noch leere Stellen giebt. Man legt alsdann auf solchen, nach der Länge der Küpen, Latten von Tannenholz, und darauf starke Querhölzer, die mit Keilen oder kleinen Pflöcken befestiget werden, welche man zwischen selbige und die Riegel der Schlußbalken stecket. Wenn die Riegel der Schlußbalken in ihren Löchern zu frei sind, so befestiget man sie durch einige Keile. Das Kraut

muß

muß aber nicht zu sehr gedruckt werden, damit es sich den Wirkungen der Ausdehnung, die durch die Gährung verursachet wird, nicht wiedersetze.

Wenn diese Vorbereitungen geschehen sind, so füllet man die Küpe bis auf 6 Zoll vom Rande mit Wasser aus einem benachbarten Flusse an, vermittelst einer Rinne, so daß das Wasser 3 bis 4 Zoll hoch über das Kraut gehet, und so läßt man nun alles ruhen. Die Dauer dieser Einweichung kann nicht allgemein fest bestimmet werden, weil sie sich auf den Grad der Wärme der Jahreszeit beziehet, in welcher dieser Einweichung angestellet wird. Die eintretende Erscheinungen müssen die jedesmalige Beendigung lehren. Während dieser Zeit erheben sich nämlich von dem Boden der Küpe grose Luftblasen, wovon nach ihrer Zerplatzung auf der Oberfläche der Flüßigkeit kleine Ringe entstehen, und sich eine schwache grüne Farbe nach und nach in dem Wasser ausbreitet. Wann endlich das Grün seinen höchsten Grad erreicht hat, so überziehet sich die Oberfläche der Küpe mit einem kupferfarbigten Häutchen, das endlich blau wird, obgleich die ganze Menge des Wassers allezeit grün bleibt; wobei überall auf der Oberfläche pyramidenförmige Schaumpflocken sich zeigen, und eine wirkliche entzündbare Luft ausgetrieben wird. Zuweilen geräth das Kraut dabei in eine so gewaltsame Ausdehnung, daß die Riegel aufgehogehoben, und die Schlußbalken ausgerissen werden, wenn sie nicht tief genug in der Erde befestiget sind.

Diese Erscheinungen sind die offenbaren Folgen einer in der Küpe vorgehenden Gährung, wodurch alle auflösbare Theile des Indigokrautes, und zugleich mit diejenigen, welche den Indigo ausmachen, entwickelt werden. Auf der rechten Beendigung derselben beruhet der ganze glückliche Erfolg der Indigobereitung.

In Absicht dieser Bestimmung schöpft man, wenn die vorbeschriebene Erscheinungen bemerkt werden, etwas von der Brühe in ein helles Glaß, und schwenkt sie eine kurze Zeit darinnen um. Wenn nun die Gährung so weit gediehen ist, daß die Farbetheile ausgeschieden, und durch das folgende Schlagen vollends zur Abscheidung von der Flüßigkeit und Vereinigung unter sich gebracht werden könnten, so wird man jetzt schon in dem Glase eben dieselbe Wirkung bemerken. Es werden nämlich schon in dem Glase nach dem Grade der Gährung die zarten ausgeschiedenen Farbetheile in ihrer blauen Farbe sichtbar werden, sich nach ihrer Schwere zu Boden senken, und oben auf ein gelbes Wasser hinterlassen. Allein, da hierauf viel ankommt, so ist es nicht genug, die Flüßigkeit der Küpe nur oben zu untersuchen; sondern es ist auch nothwendig, etwas von der Flüßigkeit unter

aus

aus der Küpe durch den Hahn abzulassen. Denn das Kraut, welches sich unten befindet, kommt viel eher in Gährung, als das andere, das oben liegt. Wenn man daher an dem Glase die beschriebenen Kennzeichen bemerket, so erfordert die Klugheit, das Gewächs nicht länger in der Gährung zu lassen, weil sonst der ganze Verlust der Küpe zu befürchten ist. Daher ist es nothwendig, die Küpe ohne den geringsten Verzug auszuleeren, und das ganze Wasser, welches eine dunkelgrüne Farbe hat, von dem Kraute in die Schlagküpe ablaufen zu lassen.

Obgleich dem Anschein nach denen Indigobereitern wenig daran liegt zu wissen, daß die grüne Farbe der Brühe von der Verbindung der gelben und blauen Farbe entstehet, so ist doch sicher, daß ihre ganze Arbeit von der Kenntniß dieses Satzes viel Aufklärung erhält, und daß selbiger für sie keineswegs geringschätzig ist, weil ihre ganze Kunst darinn bestehet, die Bestandtheile des Indigogewächses zu entwickeln, ihre Trennung weiter zu befördern, den gelben Theil abzusondern, und den blauen zurück zu behalten, dessen genaue Absonderung den ganzen Zweck und die Vollkommenheit dieser Kunst ausmacht.

Sobald das Wasser aus der Gährungsküpe in die Schlageküpe abgelassen worden ist, müssen sich sogleich 3 oder 4 Arbeiter, nach der Anzahl der Schlagestangen an selbige stellen, und damit die Schlagung der Farbebrühe ohne Unterlaß unternehmen, und bis zum erforderlichen Zeitpunkt fortsetzen. Durch diese Schlagung wird in der Flüßigkeit eine heftige Bewegung verursachet, wodurch die Farbetheile an einander stoßen, sich an einander hängen, zusammen verbinden; und kleine Massen bilden, die nach der verschiedenen Beschaffenheit des Krauts, der Gährung und des Schlagens mehr oder weniger groß sind. Diese kleinen Massen werden das Korn genennet.

Durch solche starke Bewegung wird das Wasser, welches anfänglich grün aussiehet, unvermerkt ganz dunkel und schmuzig blau. Während dem Schlagen entstehet oft ein starker Schaum, welcher den Arbeiter hinderlich ist; den man aber durch eine kleine Portion von einem zugeschütteten Oel wieder vermindert. So nothwendig dieses Schlagen ist, weil außerdem, wenn die Farbebrühe vor sich ruhig stehen gelassen würde, unfehlbar schnell zur Fäulniß übergehen, und ganz verderben würde, so verdient doch die Frage einen Platz: Ob nicht die Ausscheidung der blauen Farbe durch ein anders Mittel aus der abgelassenen Farbebrühe bewirket werden könnte? Zu solcher Erörterung verdienet angemerkt zu werden, was Rumph a), Burke

a) S. dessen Amboinisches Kräuterbuch Th. V. K. 39.

ke b), und Sloane c) angeführet haben, daß in solcher Absicht das gesiebte Pulver vom lebendigen Kalke bei Bereitung des Indigo in Indien gebraucht werde; daß man sich in Carolina des Kalkwassers bediene, um die Farbetheile abzuscheiden, und daß man in Jamaika auf einen kleinen Theil der Farbebrühe Urin gieße, um zu sehen, wie sich das aufgelöste Farbewesen verhalte, und ob es sich abzusondern anfange. Dazu kommt noch das Zeugniß des Herrn Beauvais Raseau, der selbst viele Jahre eine Indigomanufaktur in Indien verwaltet hat, daß auch die Wirkung dieser Zusätze in den französischen Inseln nicht unbekannt sei. d) Allein da die ersten Versuche die man mit dem Kalke selbst gemacht, vielleicht nicht mit aller Genauigkeit, die dazu nöthig ist, gemacht worden sind, so ist ein weißlichter Indigo daraus erlangt worden, wodurch man von diesen Zusätzen abgeschreckt worden. Was den Urin betrift, so siehet man oft genug, daß er die Eigenschaft hat, nach der Vollkommenheit der Gährung die Farbe mehr oder weniger nieder zu schlagen; es scheint aber dennoch, daß

 man

b) Dessen Geschichte der Europäischen Kolonien. B. II. S. 282.

c) Naturgeschichte von Jamaika B. II. S. 34. f. f.

d) S. dessen Kunst des Indigobereiters. Aus dem Französischen übersetzt, im Schauplatz der Künsten und Handwerker B. X. p. 309.

man sich diese Kenntniß nicht zu Nutze gemacht habe. Die gute Wirkung des klaren Kalkwassers hingegen kann ich aus meiner eigenen Erfahrung versichern; auch habe ich eine Auflösung des fixen alkalischen Salzes in sehr kleiner Portion hierzu schicklich gefunden.

So bald man nun die Läuterung bemerket, nämlich, wenn sich bei einer kleinen Probe ein blaues flockigtes Pulver bald zu Boden setzt, und ein gelbes Wasser oben stehen bleibt, so hört man mit dem Schlagen auf, und läßt die Küpe ruhig stehen. Es wird sich während der Zeit ein blauer Satz zu Boden senken und ein gelbes Wasser oben stehen bleiben. Zwei oder drei Stunden Ruhe sind gemeiniglich hierzu hinreichend, wenn kein Fehler vorgegangen ist. Wenn man aber nicht nöthig hat zu eilen, so ist es besser, sie etliche Stunden länger in Ruhe zu lassen, damit auch das leichteste Korn Zeit habe, sich zu setzen, und damit beim Satze desto weniger Wasser vermischt bleibe. Alsdann öfnet man den ersten Hahn an der Küpe, und läßt das Wasser langsam weglaufen; dann öffnet man den andern, und läßt vollends alles übrige Wasser ablaufen, bis zuletzt der dicke Farbesatz auf dem Boden der Küpe frei zurückbleibt.

Diesen Satz pflegt man nun in Jndien geradezu in die dritte Küpe, und von da in

Säcke zum Ablaufen des Wassers, zu bringen, dann ohne weitere Reinigung abtrocknen zu lassen. Auf solche Art aber muß unvermeidlich eine Portion von dem gelben Wasser dabei bleiben, und mit Eintrocknen, dem Indigo aber dadurch die Schönheit seiner blauen Farbe gar sehr vermindert werden, und der Nachtheil daraus entspringen, welchen Dijonval beobachtet hat, daß von dem meisten Indigo, wenn er mit Wasser gekocht werde, eine gelbe Brühe ausgezogen werde, und daß er erst alsdann eine viel lebhaftere blaue Farbe erhalte. c)

Zur Verhütung dieses allgemeinen Fehlers ist es daher kunstmäßiger, wenn das gelbe Wasser aus der Schlageküpe abgelassen worden, die Hähne wieder zu verschliesen, die ganze Küpe wieder mit frischem reinem Wasser anzufüllen, den ganzen Satz wieder darinn durcheinander zu rühren, und solchen aufs neue absetzen zu lassen, und auf diese Art auszusüßen. Findet sich daß auch dies Wasser beim Ablassen noch eine merkliche Farbe haben sollte, so kann man die Küpe noch einmal mit frischem Wasser anfüllen, bis endlich alles fremde farbigte Wesen vom Indigo ausgewaschen worden ist.

So,

c) S. Dessen Chemische Untersuchung des Indigo. Aus dem Französischen übersetzt. Weimar, 1778. 8vo. S. 26.

So bald man nun endlich das letztemal alles Wasser durch die ersten beiden Hähne ablaufen lassen, so öffnet man auch den dritten, damit auch durch diesen noch das übrige abfließen könne. Endlich wird noch der unterste Zapfen herausgezogen, damit der ganze Satz, welcher einem flüßigen Schlamme von einer beinahe schwarzblauen Farbe gleicht, in die Setzküpe falle, die vorher ganz ausgeleeret und gesäubert worden. Dann läßt man noch zuletzt einen Arbeiter in die Schlageküpe steigen, welcher den Satz mit einem Federfittig zusammen kehret und ganz rein ausspielet. Hierbei ist es auch rathsam, den Farbesatz, wie er aus der Schlageküpe in die Ruheküpe abgelassen wird, durch ein Haarsieb laufen zu lassen, damit alle noch dabei befindlich sein könnende Unreinigkeiten abgeschieden werden.

Nun schöpft man den reinen breiigten Indigo aus der dritten Küpe in die schon beschriebenen Leinewandsäcke, welche mit Schnüren versehen sind, womit sie zur Abhaltung des Staubes oben zugeschnüret, und an die Hacken des Wandbrechens aufgehängt werden; allwo sie denn so lange hängen bleiben, bis kein Wasser mehr abtröpfelt.

Alsdann schüttet man den dicken Satz, der immer noch weich ist, aus, und breitet ihn in platten Kästen von einander, welche auf besondere Gestelle, theils in ein besonderes

Trocken-

Trockenhaus, theils unter das Dach der Häuser, theils an andere Orte an die freie Luft, aber in Schatten gesetzt werden. Wenn er etwas abgetrocknet ist, so überstreicht man ihn mit einer Kelle, um alle Theile des Teiges zusammen zu drücken, und aneinander zu fügen jedoch ohne die Stücke umzuwenden, welches dem Indigo nachtheilig sein würde. Wenn er endlich bis soweit abgetrocknet, daß man ihn nur noch mit dem Messer schneiden kann, so zertheilt man ihn in Vierecke, die 6 Zoll lang, 4 Zoll breit und 2 Zoll dick sind, setzt sie auf die schmale Seite, und läßt sie in einer Trockenstube, die bei kühler feuchter Witterung allenfalls geheitzt werden muß, vollkommen austrocknen.

Eine noch nicht sehr bekannte schöne blaue Farbe aus Indigo. Von Herrn Dr. Struve.

Daß der Indigo nach der Auflösung in Vitriolöl ein schönes Blau liefert, ist zwar bekannt genug; aber es hat diese Farbe den Fehler, daß sie sehr fressend ist, und eben deswegen mit Wasser stark verdünnet werden muß. Eben dadurch aber wird sie zu helle, und zu einer dunkeln Farbe ungeschickt. Diese Umstände haben Herrn Dr. Struve veranlaßt, auf ein Mittel zu denken, wie man diese Auflösung ohne sie zu verdünnen, ihre Schärfe benehmen, und sie dennoch zu einer dunkeln Farbe gebrauchen könne; und dieses

Ent-

Entzweck hat Er auch vollkommen gut erreicht, auch sein Verfahren zum allgemeinen Besten bekannt gemacht.

Man nimmt ein Quent zart geriebenen Indigo, vermischt es in einem gläsernen Mörsel mit 4 Quent guten Vitriolöl, und läßt solches ohngefehr eine Nacht durch zusammen stehen. Den andern Morgen verdünnet man es nach und nach mit 3 Unzen Wasser, und füllet es in ein Glaß.

Ehe aber diese Auflösung des Indigo angestellet wird, löst man 4 Loth reinen Alaun in ein Pfund warmen Wasser auf. Eben so muß auch in einem andern Gefäße 2 Loth gereinigtes Potaschen-Salz in 8 Loth Wasser aufgelöset werden. Beyde letztere klare Auflösungen vermischt man in einem geräumigen Gefäße langsam miteinander, weil eine Aufbrausung dabey sich ereignet. Hierdurch wird eine weisse Erde in der vermischten Flüßigkeit zum Vorschein gebracht. Um solche abzuscheiden, spannt man ein klares linnenes Tuch auf einen Rahmen, und läßt zuerst alle salzige Flüßigkeit davon ablaufen. Wenn dies geschehen, so übergießt man den auf dem Tuch liegenden erdigten Brey etlichemal mit kochendem Wasser, bis man sowohl an dem Brey als dem ablaufenden Wasser keinen salzigen Geschmack mehr bemerkt. Man läßt alsdann denselben auf dem Tuche so lange liegen, bis er nur noch wenige Feuchtigkeit

enthält;

enthält, und mit den Fingern bequem vom Tuche abgenommen werden kann.

Nun schüttet man die vorbeschriebene Indigoauflösung in ein etwas geräumiges Zuckerglaß, und trägt nach und nach die feuchte Alaunerde in kleine Stückgen zerbrochen hinein, welche sich darinn gänzlich auflösen und der Farbe alle Schärfe benehmen wird. Das Glas kann darauf etliche Tage lang ruhig stehen bleiben, dann aber die abgeklärte Farbe in ein anderes Glas gefüllet werden.

Auf diese Weise erhält man eine von aller Schärfe entblößte und dennoch sehr schöne, gesättigte, blaue Farbe, die sich nach Belieben mit Wasser vermischen läßt, und womit in verschiedenen Schattirungen Seide, Leder, Knochen gefärbt werden können, die auch mit etwas zugesetzten Gummi als eine schöne blaue Saftfarbe dienen kann. Wieglebs Magie 2ter Band.

II. Artikel.

Beschreibung einer Berlinerblau-Fabricke.

Wenn die Bearbeitung des Berlinerblaues im grossen Fabrickmäßig angestellet werden soll, so muß man sowohl mit dem höchstnö-

thigen

thigen Geräthe, als auch den erforderlichen Materialien, genugsam versehen sein.

Das Geräthe kann bestehen: 1) In einem einzigen grosen gegossenen eisernen Kessel, welcher ohngefehr 24 bis 30 Wassereimer am Maaße faßt. Er muß so dünn, als möglich, gegossen seyn, über einem Feuerheerde fest eingemauert, und mit 4 starken Zuglöchern versehen werden.

2) In einem Kalcinirofen, von eben derselben Art, wie ihn die Potaschensieder gebrauchen, und von der Gröse, daß 2 Centner Potasche darinn ausgeglühet werden können. Dieser Ofen ist nur unter der Bedingung nöthig, wenn man keinen Potaschensieder in der Nähe hat, mit dem man eine gewisse Verabredung nehmen könnte, die ich in der Folge anführen werde.

3) In einem grosen eisernen Mörser.

4) In 3 bis 4 grosen Trögen oder Wannen von Tannenholz, in deren jede an einer Seite 3 Löcher übereinander in gewissen Entfernung gebohret werden, die man mit hölzernen Zapfen oder Hähnen wieder verwahret. Kann jeder zur sicherheit mit 2 eisernen Reifen, wovon einer oben, und der andere unten am Boden angelegt wird, versehen sein, so ist es desto besser.

5) In

5) In 4 bis 6 geflochtenen Weidenkörben, wovon jeder auf 2 viereckigt abgehobelten starken Stangen befestiget ist. Man nennt sie Laugenkörbe.

6) In 6 Stück grosen Tüchern von roher ungebleichter Leinewand, die derb seyn muß.

7) In 10 bis 12 Stücken Horden, aus zarter Weide geflochten, um das fertige Berlinerblau darauf zur Austrockung zu legen.

Die Materialien einer solchen Fabricke bestehen in:

1) Alaun; 2) Gemeinen grünen Vitriol; 3) Potasche; 4) Horn- oder Knochenkohle, oder Ofenruß, und 5) Einer Menge alten Eisen. Wenn alles dies in sattsamer Menge vorräthig ist, so kann zur Arbeit geschritten werden.

Die erste Sorge ist auf die Bereitung der so genannten Blutlauge zu richten, weil diese die meiste Zeit und Mühe erfordert, und doch bei dem Hauptverfahren gleich zur Hand sein muß. Diese Benennung rühret daher, daß man beim Anfange der Erfindung dieser Farbe getrocknetes Blut mit Fixem Alkali kalcinirte. Jetzt wenden man bei aber besserer Erkenntniß nicht allein alle verkohlte feste thierische Theile, die man sehr leicht in Menge haben kann, ohne Unterschied, sondern auch

Ofenrus dazu an, und nennet das Produkt, seiner Natur nach, richtiger, phlogistisirtes Alkali, und die daraus bereitete Lauge phlogistisirte Lauge.

Zur Erlangung der thierischen Kohle können alle Hörner, Klauen und Knochen, von allen Arten der Thiere ohne Unterschied, angewendet werden, die sich jeder an seinem Orte auf die vortheilhafteste Art anschaffen kann. Es können auch dazu alle Abgänge von Horndrechslern und Kammmachern gegebraucht werden. Sehr unökonomisch würde es aber sein, und wider die Regeln der Sparsamkeit laufen, die bei allen Fabrickarbeiten nothwendig beobachtet werden müssen, wenn man diese Körper nur geradezu verbrennen wollte, um sie zu verkohlen. Man muß also zugleich auf den dabei zu gewinnenden brandigten Geist, flüchtigen Salz und brandigtes Oel Rücksicht nehmen. Es wäre demnach fast nothwendig, die Fabricirung dieser animalischen Produkte mit einer Berlinerblau-Fabricke zu verbinden. In solchem Fall würde man also die thierische Kohle mit offenbarem Vortheil im Rückstande des Destillirgefäßes finden, und dann brauchte man auch die Destillation zur Verbesserung der Kohle nicht aufs höchste zu treiben, da ohnedem das zuletzt übergehende theerförmige Oel zu nichts tauget.

Wollte sich aber jemand damit nicht einlassen, und sich einzig auf die Bereitung des

Ber-

Berlinerblaues einschränken, würde ihm zu rathen seyn, dergleichen Umstände von einem andern Laboranten, der jene Produkte bearbeitet, einzuhandeln, der sie ihm allezeit für eine sehr billige Vergütung ablassen wird, oder er kann sich durch die Schornsteinfeger in seinem und den benachbarten Orten allen Kaminrus für eine billige Bezahlung sammeln lassen, und solche statt der thierischen Kohle anwenden. Diese Kohlen oder Rus müssen zu einem gröblichten Pulver in einem eisernen Mörser gestosen werden.

Ist nun der Berlinerblaufabrikant mit dem vorne angegebenen Kalcinirofen versehen, so wird dann ein Centner Potasche in dem grossen eisernen Kessel mit etlichen Eimern Wasser überschüttet, und ungefehr 24 Stunden stehen gelassen, damit die Potasche ganz durchweichet werde. Am andern Tage zerdrückt man die noch vorhandenen festen Stücke mit einem hölzernen Stößer, und zerreibet die Potasche damit so lange, bis ein ganz dünner Teig daraus wird. Alsdann schüttet man einen Zentner pulverisirte thierische Kohlen oder Rus hinzu, rühret alles durch einander, daß ein ganz steifer Teig daraus wird, und macht ein gelindes Feuer unter dem Kessel, welches man so lange unterhält, bis die ganze Masse im Kessel ausgetrocknet ist. Darauf wird sie Stückweise aus dem Kessel behutsam ausgemeiselt, damit der Kessel nicht beschädiget werde, und diese Stücke in den

Kalcinirofen gebracht. Im Anfange muß sehr schwaches Feuer gegeben werden, damit der Ofen and die Masse nur allmählich in Hitze, endlich aber bis zur Glühung gerathe. Dabei wird die Masse anfangen sich zu entflammen, und unter dieser Zeit muß sie bisweilen mit einer Schaufel oder Krücke umgerühret werden, damit sie sich nicht auf dem Heerde fest anlege, sondern überall gleichmässig durchglühe. Diese Durchglühung muß man so lange fortsetzen, bis die starke Flamme aufhöret, und nur noch eine kleine schwache Flamme über der glühenden Materie schwebehd bemerket wird. Dann läßt man den Ofen abkühlen, und nimmt die kalcinirte Materie heraus, woraus die phlogistisirte Lauge bereitet wird.

Wenn der Fabrikant aber einen Potaschensieder in der Nähe hat, und wegen des mangelnden schicklichen Platzes, oder aus sonstigen Ursachen, den Kalcinirofen nicht selbsten haben kann, so bleiben ihm noch folgende Maaßregeln zu ergreifen übrig. Ein jeder Potaschensieder weiß gemeiniglich aus Erfahrung nach der Menge seiner ausgelaugten Asche ungefehr zu bestimmen, wie viel er von seiner abgerauchten Lauge an Potasche erhalten werde. In dieser Voraussetzung nimmt der Fabrikant nun folgende Abrede mit ihm: daß er, wenn seine braune Holzaschenlauge so weit abgedunstet, und anfängt, dicklich zu werden, ... als er glaubt, Potasche davon zu erhalten, von dem Pulver der thierischen Kohle, oder des Ruses, daß er ihm zuschickt, darunter rühren, im Kessel zusammen austrocknen, und dann in seinem Kalcinirofen ausglühen solle. Auf solche Art würde ein ganzes Kalcinirfeuer erspart, indem hierdurch bei einem Feuer die rohe Potasche kalciniret, und zugleich phlogistisiret werden könne. Es versteht sich aber dabei von selbst, daß der Potaschensieder bei der Bezahlung das Gewicht der zugesetzten Kohle vom Gewicht der Masse sich müßte abziehen lassen, und daß er für seine besondere Bemühung, die im Grunde für nichts zu rechnen, und mehr in einer blosen Gefälligkeit bestehet, eine kleine Vergütung erhalten müsse.

Fände aber der Potaschensieder Bedenken, sich darauf einzulassen, weil er das eigentliche Gewicht der Potasche nicht recht rein zu bestimmen im Stande wäre, und glauben könne, daß er dabei etwas verliere, so ist auch noch dieses Weg übrig. Es läßt sich der Berlinerblaufabrikant vom Potaschensieder die blos ausgetrocknete rohe Potasche zuwiegen, und bezahlt sie ihm vor ausgeglühete Potasche, und mithin vergütet er ihm schon die Unkosten der folgenden Kalcination. Dafür aber, daß der Potaschensieder auf solche Art auf jede 100 Pfund am Gewichte 12 Pfund beim Verkauf der rohen Potasche gewinnt, die er bei der Kalcination schlechterdings verlieret, so müßte er für den Fabrikanten die rohe Potasche vorbeschriebenermaßen nochmals aufweichen, mit dem benöthigten Kohlenpulver in gleichem Gewichte vermischen, und im Kessel nochmals eintrocknen lassen. Darin bestünde alles außerordentliche, was er für den Fabrikanten thäte; denn die nachfolgende Kalcination der Masse hätte er an seine rohe Potasche auch wenden müssen, wenn sie verkäuflich werden sollen. Der Potaschensieder würde sicher dabei noch gewinnen, und dem Fabrikanten würde sein phlogistisirtes Alkali im Grunde nicht theurer zu stehen kommen, als gemeine Potasche; mithin würde letzterer auf solche Art ungemein viel ersparen.

Dergleichen phlogistisirtes Alkali mag man nun vorräthig haben, so viel es seyn kann. Die zur nachfolgenden Anwendung erforderliche Menge kann nicht fest bestimmt werden; es ergiebt sich aber dabei alles von selbst aus der Wirkung. Was davon bei einer Arbeit übrig bleibt, ist bei der folgenden zu gebrauchen; mithin wird auf keine Weise etwas verlohren. Am bequemsten ist es aber, so viel, als von einem Zentner Potasche erhalten worden, davon auf einmal in einen grosen Bottich von Tannenholz zu schütten, und es mit 60 Kannen Wasser, die Kanne zu 4 Pfund gerechnet, zu übergiesen, auch täglich etlichemal mit einer Krücke wohl durch einander aufrühren. Binnen etlichen Tagen wird man

finden,

finden, daß keine feste Stücke mehr darin zu fühlen, und alles Salzige im Wasser aufgelöset worden ist. Sodann setzet man 2 von den vorerwehnten Laugenkörben über eine grose Wanne neben einander, oder jeden auf eine Wanne besonders, und legt in jeden Korb ein Tuch von grauer ungebleichter Leinewand, das man aber wenn es neu, und zum erstenmal gebraucht werden soll, vorher mit Wasser ausgekocht haben muß, um alles Unreine davon vorher auszuziehen. Darauf rühret man die Lauge recht wohl um, und schöpft sie nach und nach auf die in den Laugenkörben liegende Tücher. Wenn anfänglich die Lauge etwas trübe durchlaufen sollte, so muß sie wieder auf das Tuch geschüttet werden, bis alles Klar und Helle durchlauft. Die Lauge muß vollkommen Klar und Hellgelb seyn. Wenn endlich alle Lauge aus dem ersten Bottig auf solche Art ausgeschöpft und abgekläret worden, so wird das auf den Tüchern im Laugenkorbe verbliebene schwarze Pulver wieder in den ausgeleerten Bottig gebracht, nochmals mit etwas wenigerm Wasser übergossen, und wieder zusammen auf die linnene Tücher geschöpfet, um hierdurch alles noch darinn steckende Salz völlig auszuziehen. Auf solche Art ist nun die Blutlauge, oder die phlogistisirte Lauge verfertiget. a)

a) An der Blutlauge findet man bisweilen die Eigenschaft, das sie das Eisen aus der Vitriolauflösung

Nunmehro füllt man den grosen eisernen Kessel bis auf etliche Händebreit hoch mit Was-

lösung ganz dunkelbraun oder schwarzbraun nie- derschlägt, und davon wird auch am Ende nur ein schmuziges Blau erhalten. Der nächste Grund liegt in einer unter der Kalcination des phlogistisirten Alkali erzeugten Portion Schwe- fel, aus der in der Potasche vorhandenen Vi- triolsäure. Da nun gleichwohl der Gebrauch der Potasche zu gegenwärtiger Absicht nicht ver- meiden kann, weil ein jedes andere Alkali die Unkösten vermehret, und sich diese Erscheinung nicht allemal ereignet, so muß sie nur auf einem nicht immer eintretenden Umstande beruhen, wel- chen man zur Vermeidung wissen muß. Eine allzustarke und noch anhaltende Einwirkung des Feuers auf das phlogistisirte Alkali, nach dem rechten Zeitpunkt, wenn Rauch und Flamme be- reits aufgehöret haben macht den entferntern Grund davon aus; und dieses muß also zu ver- hüten gesucht werden. Wenn sich inzwischen dieser Nachtheil an einer Blutlauge findet, so hat Herr Weber vorgeschlagen, solche mit et- was Eisenschlacken zu Kochen, welche allen Schwefel fast in einem Augenblick an sich neh- men, ohne der Blutlauge ihre blaufärbende Ei- genschaft zu benehmen. Ich habe es mit Eisen- schlacken und Feilspänen versucht, aber die schnelle Wirkung nicht gefunden. Nachdem ich die Blutlauge fast eine Stunde mit Eisen ko- chen lassen, bemerkte ich allerdings eine Menge schwarzes geschwefeltes Eisenpulver; die Lauge war etwas besser aber doch noch nicht vom Schwefel ganz befreiet. Ob sie völlig davon befreiet worden wäre, wenn sie noch länger mit Eisen gekocht habe, das konnte ich aus Mangel der Zeit nicht Versuchen.

Wasser an, und bringe es zum Kochen; dann schütte man 25 Pfund gemeinen grünen Vitriol hinein, und rühre es mit einem Stecke wohl um. Sobald man bemerket, daß aller Vitriol aufgelöset, so werfe man ungefähr 6 bis 8 Pfund altes Eisen in nicht allzudicken Stücken hinzu, und lasse es eine Viertelstunde mit einander kochen. Alsdann setze man einen andern Laugenkorb über eine leere Wanne, lege darein ein linnenes Tuch, und über solches noch ein groses doppelt zusammengelegtes Stück Flanell, worauf man so fort die Vitriollauge nach und nach in kleinen Portionen schöpfet, ingleichen auch hierbei auf alle mögliche Art dafür sorget, daß die Lauge ganz helle durchläuft. b)

b) Der gemeine grüne Vitriol enthält allezeit etwas Kupfer, welches aber bei dieser Anwendung in einer ganz widrigen Farbe mit ausgeschieden wird, und die erwartete blaue Farbe an ihrer lebhaften Schönheit vermindert. Durch das Kochen mit altem Eisen wird aber solches nach den Regeln der Chemie ausgeschieden, und mithin der Vitriol zu seinem Vortheil gereiniget. Das im Kessel verbliebene alte Eisen wird man daher damit ganz überzogen finden. Damit nun dieses Kupfer nicht verlohren gehe, so schüttet man sogleich, als der Kessel ausgeschöpfet ist, etliche Eimer Wasser wieder hinein, fähret mit einer Bürste in dem ganzen Kessel herum, um auch das, was sich etwa vom Kupfer an den Kessel gelegt haben könnte, in das Wasser zu spülen.

So bald der Kessel ausgeschöpft worden, läßt man ihn in der Geschwindigkeit ausspülen, wieder aufs neue mit Wasser anfüllen, und solches abermals zum Kochen bringen. Unterdessen zerschlägt und zerstößt man 100 Pfunde schönen weissen Alaun gröblich, und schüttet selbigen, so bald das Wasser kocht, dahin ein. Nach einigem Umrühren wird sich der Alaun sehr leicht auflösen, und so bald dies erfolgt, setzt man einen Laugenkorb über eine leere Wanne, legt ein linnenes Tuch darein, und läßt diese Alaunlauge langsam durchlaufen.

Nach der allgemein üblichen Methode werden nun die beiden letztern heißen Laugen des Vitriols und Alauns mit einander vermischet, und wenn sie ein Gefäß wegen der Menge nicht fassen kann, in 2 Gefässe gemischt, zertheilet; denn es darf ein Gefäß davon höchstens nur halbvoll werden. Darauf gießt man, unter ihrer beständigen Umrührung mit einer Krücke, im letztern Fall in

spülen. Und so bürstet man auch jedes Stück Eisen besonders im Wasser ab. Das sämmtliche Eisen läßt man darauf an einem warmen Orte abtrocknen, und hebt es zu gleichem Gebrauche auf. Das Wasser aber schöpft man zusammen in ein Gefäß, läßt es sich darin absetzen, gießt dann das klare Wasser oben ab, und sammlet den Satz welcher aus einem Kupferpulver besteht, auf einem alten ausgespannten Tuche.

zu jedes, so lange von der phlogistisirten Lauge hinzu, bis man nicht weiter bemerket, daß ein erdigter Niederschlag dadurch verursacht wird. Damit man solches sicher beobachten könne, so hält man mit weiterer Zusetzung der phlogistisirten Lauge inne, macht ein kleines Filtrum von Löschpapier, setzt solches auf ein Kelchglas, und schöpft etliche Leffel voll von der Vermischung darauf. Nun versucht man die durchgelaufene helle Flüssigkeit, und tröpfelt etwas von jener Lauge dazu, um zu beobachten, ob darauf noch eine Trübung erfolge, oder nicht. Im ersten Fall ist es nöthig, noch mehr zur grosen Menge von der Blutlauge zuzusetzen; im andern Fall hingegen, ist der Endzweck erreichet. Es wird hierdurch gemeiniglich ein graugrünlichter Niederschlag von einer unannehmlichen Farbe erhalten; man darf sich aber daran nicht stoßen, vielweniger alles für mißlungen halten. Man lasse nur alles 24 Stunden lang zusammen stehen, rühre es unterdessen öfters um, und schöpfe darauf die ganze Mischung in die mit saubern ausgewaschenen Tüchern belegte Laugenkörbe, damit die sämmtliche Satzlauge auf die kürzeste Weise davon gebracht werden möge; aus welcher man durch gehörige Abdünstung im eisernen Kessel, bis zur Erscheinung eines Häutchens auf der Oberfläche, und nochmahliger Abklärung, vermittelst der Krystallisirung eine beträchtliche Menge vitriolisirten Weinstein erlangt.

Darauf bringt man den ganzen Brei, welcher auf den Tüchern liegen verblieben ist, und nun zusehends auf der Oberfläche blau zu werden anfängt, wieder in die Wannen zurück, fülle sie mit Wasser ganz voll, und zerrühre den Brei vollkommen mit Krücken im Wasser, bedecke darauf die Wannen mit Brettern, damit kein Staub, oder andere Unreinigkeiten hineinfallen mögen, und lasse sie so etliche Tage ruhig stehen, und sich absetzen. Wie man nun bemerket, daß sich die Materie zu Boden gesenkt hat, so öffnet man zuerst den an der Wannen befindlichen obersten Hahn, dann den zweiten, und endlich den dritten, und läßt dadurch alles helle Wasser bis auf den dicken Brei ablaufen. Alsdann verschließt man die Hähne wieder, und füllet die Wannen abermals mit Wasser an, welches Anfüllen und Ablassen 6 bis 8mal wiederhohlet werden muß, bis weder am abgelassenen Wasser noch am Satze der allermindeste salzige Geschmack mehr bemerkt werden kann. Dann wird der Satz auf die mit saubern Tüchern belegte Laugenkörbe zum Seigen geschöpft, und falls im Anfange die Flüssigkeit trübe durchlaufen sollte, so wird solche so oft wieder auf das Tuch zurückgeschüttet, bis pur helles Wasser durchläuft. Man läßt ihn darauf 3 bis 4 Tage lang stehen, bis keine Flüssigkeit mehr abtröpfelt; darauf belegt man die geflochtene Weidenhorden mit besonderen Stücken grober Leinwand, schöpfet den farbigten Brei aus den

Kör-

Körbchen darauf, breitet ihn, so viel, als darauf liegen kann, aus; und stellet sie zum Trocknen in ein Zimmer an der Mittagsseite, worin alles vor dem Staube möglichst bewahret stehet.

Dieses letztere Verfahren, die Vitriol und Alaunlauge vermischt gemeinschaftlich mit der Blutlauge niederzuschlagen, ist, wie gesagt, die allgemein übliche Methode. Es ist aber auch dabei noch eine Verbesserung anzubringen; wenigstens für diejenigen, welche ihre Blutlauge auf die beschriebene vortheilhafte Art sich nicht verschaffen können. Diesen rathe ich, meiner Erfahrung zufolge, daß sie zur Ersparung der theuren Blutlauge, die Alaunauflösung in einem besondern Gefässe mit einer blosen Potaschenlauge, die Vitriolauflösung hingegen nur allein mit Blutlauge in einem andern Gefässe niederschlagen können. Wenn darauf von beiden die Salzlauge abgesondert worden, so können entweder beide Niederschläge für sich besonders oftmals ausgewaschen, und nach dem letzten Abziehen des Wassers in einem Gefässe in noch flüssigen Zustande unter einander gemischt werden; oder man kann sie gleich nach der abgelaufenen Salzlauge mit einander vermischen, und dann vorbeschriebener Maasen zusammen gemeinschaftlich von der Salzigkeit befreien. In einen jeden von diesen Fällen erhält der anfänglich ganz unscheinbare Brei seine blaue Farbe erst nach der Abscheidung von dem Wasser durch die Berührung der Luft.

Der allerletzte Vorschlag, der für manche Arbeiter von grosem Nutzen seyn kann, gründet sich darauf, daß der Alaun blos deswegen zum Berlinerblau mit angewendet wird, daß dessen weisse Erde die außerdem die allzudunkelblaue Farbe des Eisenniederschlags erhöhen solle; diese Erde aber wird aus dem Alaun, ohne einen wesentlichen Unterschied, eben so gut durch ein bloses Alkali, als durch phlogistisirtes, niedergeschlagen; mithin ist die Anwendung der kostbaren Blutlauge hierzu eine offenbare unnöthige Verschwendung. Nur die Eisenerde allein muß aus dem Vitriol durch Blutlauge oder phlogistisirte Alkali niedergeschlagen werden. Da nun aber bei dem Berlinerblau der Vitriol in Vergleichung gegen die Menge des Alauns allemal weniger beträgt, so kann man daraus nicht einsehen, wieviel dadurch an phlogistisirten Alkali erspart werden könne.

Ich habe in dieser Vorschrift zu einem Theile Vitriol 4 Theile Alaun bestimmet, woraus ein sehr schön feuriges Blau erlangt wird. Weil aber der Alaun für sich an der Entstehung der blauen Farbe keinen Antheil hat, sondern nur dessen weisse zarte Erde die blaue Farbe erhöhet, so ist es begreiflich, daß die Proportion des Alauns willkührlich ist. Je dunkler man das Berlinerblau verlangt, je

weni-

weniger, und je heller man es wünscht, je mehr man Alaun dazu nehmen muß, ohne daß im ganzen übrigen Verfahren eine Aenderung zu machen nöthig ist. Das Verhältniß des Alauns und Vitriols muß nothwendig nach der Art Farbe die man verlangt, festgesetzt werden, wenn man sicher sein will, die Farbe nach einem gewissen Grade der Erhöhung zu erhalten. Aber die Menge der Blutlauge, als des eigentlichen Niegerschlagungsmittels, kann nicht fest bestimmet werden; es ist deshalb besser, davon etwas überflüßig vorräthig zu haben, damit es bei der Arbeit nicht ermangele, und das Verfahren aufhalte, oder einen Schaden verursache.

Zuletzt muß ich noch einen Umstand erwähnen der in allen gewöhnlichen Beschreibungen des Berlinerblaues vorkommt, und doch in der vorstehenden nicht befindlich ist. Ich meine den Gebrauch einer Säure, um dem Niederschlage theils eine blaue Farbe zu verschaffen, theils die Farbe mehr zu verdunkeln. Wenn ein richtiges Verhältniß des Alauns gegen den Vitriol beobachtet worden ist, so hat man den Zusatz einer Vitriol- oder Salzsäure gar nicht nöthig; denn wenn die Blutlauge gut gewesen ist, so kommt die blaue Farbe am Ende von selbst hervor; sie ist hingegen offenbar schädlich, weil ein Theil der Alaunerde sowohl, als auch vom Eisenniederschlage selbst, dadurch wieder aufgelöset wird. Wenn aber der Alaun im Uebermaaß

dazu

dazu angewendet worden, und von dessen überhäufter Erde die blaue Farbe zu hell ausfallen muß, so ist der Zusatz einer von den beiden angeführten Säuren zwar nothwendig, die Farbe zu verdunkeln, aber desto schädlicher. Denn man hätte einen Theil Alaun ersparen können, folglich hätte man auch zur Niederschlagung um so wehiger Alkali gebraucht, und den Zusatz der Säure nicht nöthig gehabt. Also entspringt aus einem solchen Fehler ein dreifacher Schade.

Nur in dem einzigen Falle habe ich den Zusatz der wohlfeilern Vitriolsäure von einigem Nutzen gefunden, wenn die Vitriolauflösung nur allein mit Blutlauge, der Alaun aber mit blosem Alkali niedergeschlagen worden. In diesem Falle habe ich die Vitriolauflösung mit so viel Vitriolsäure vermischt, bis sie einen merklichen sauern Geschmack erlangt hat.

Die Eigenschaften eines guten Berliner blaues sind folgendermaßen zu bestimmen:

1) Es muß eine lebhafte feurige blaue Farbe haben.

2) Es muß nicht zu hart, oder auf dem Bruch glasig seyn, sich also leicht zerbrechen lassen. Dieser Fehler entspringt, wenn es nicht genug von Salzen ausgewaschen worden ist.

3) Man

3) Man muß damit auf dem Papier mit leichter Mühe einen blauen Strich machen können.

Das Berlinerblau kann auf folgende Weise merklich verbessert und verfeinert werden.

Man löset die beste Gattung Berlinerblau in Wasser auf, und tröpfelt behutsam Vitriolöl unter beständigem Umrühren hinein, bis sich die schöne blaue Farbe niederschlägt.

NB. Man muß sich aber in acht nehmen, daß man das Vitriolöl nicht zu viel auf einmal hineinschüttet, sonst entstehet ein starkes Aufbrausen und es zerspringt das Glaß.

VIII. Abschnitt.

Von Verfertigung verschiedener grüner Farben.

I. Artikel.

Von Verfertigung des Grünspans.

Die beste und richtigste Bereitungsart des Grünspans hat Herr Montel in 3 besondern Abhandlungen beschrieben, welche sich in den Denkschriften der königl. Akad. der Wissenschaften zu Paris von den Jahren 1750. 1753 und 1776 befinden. Die ersten beiden Abhandlungen enthalten die Beschreibung des älteren, und die letztere des neueren vortheilhafteren Verfahrens. Welche letztere Beschreibung weil solche die beste, ist, ich anführe:

Man nimmt Trebern von rothen Trauben, mit oder ohne Kämme; sie müssen eine Rosenfarbe und einen angenehmen nicht schimmlichten Geruch haben, und alle Stücke, welche schwarz oder schimmlicht sind, ausgelesen und weggeworfen werden. Mit solchen Trebern füllt man bis auf 2 oder 3 Zoll ein irdenes Gefäß, (worinn aber nichts fettiges gewesen sein darf,) an; man deckt es mit einem Deckel zu, und läßt es mehrere Tage im Keller stehen; so bald man gewahr wird, daß die Trebern sich ein wenig erhitzen, welches zuweilen schon den dritten, mannigmal erst den 24ten Tag geschiehet, so bleibt man dabei, und giebt sorgfältig acht, wann diese Gährung nachläßt. Dies erkennet man daran, wenn die kleine Wärme aufhöret, oder wenn die untere Seite des Deckels, die während der Gährung feucht ist, trocken wird; oder man nimmt eine Handvoll von unten heraus, und hält den Kopf über das Gefäß, so bemerkt man einen starken durchdringenden angenehmen Geruch, wie der Geruch des Aethers ist; denn sind die Trebern zeitig. Das sicherste ke Mittel abgezist, des Abends ein Kupferblech auf die Trebern zu legen; hat dieses den andern Morgen auf beiden Seiten eine ziemlich dünne Schicht von Grünspan, so ist der rechte Zeitpunkt da.

So bald die Trebern so weit sind, nimmt man sie aus dem ersten Topf heraus, und bringt sie in einen andern leeren Topf, oder Korb, schichtweise einen halben Zoll dick abwechselnd mit Kupferblechen, so daß die oberste und unterste Schicht Trebern sind.

Dann untersucht man von Zeit zu Zeit die obere Kupferbleche, ob sie an ihrer Oberfläche weisse Punkte haben, die nichts anders, als eine Art der Krystallisirung, und ein Anzeichen sind, daß dieser Theil der Arbeit vorüber ist.

So bald sich an den grün angelaufenen Kupferblechen diese weisse Punkte d. h. eine Art Salzkrystallen zeigen; nimmt man die mit Grünspan überzogene Kupferplatten heraus, und läßt sie 3 bis 4 Tage lang in einem Winkel des Kellers haufenweis auf einander legen. Nach Verlauf dieser Zeit werden sie gemeiniglich trocken worden seyn, deswegen befeuchtet man sie dann wieder mit Wasser, und legt sie wieder über einander. Dies wiederhohlt man noch dreimal, worüber ungefehr 14 Tage verstreichen. a) Unter dieser Zeit ver-

a) Nach Farbers Bemerkung stehen die angefeuchteten Platten an der Wand im Keller aufgerichtet.

mehret sich der Grünspan immer stärker, schwillt auf, und nimmt in seiner Ausdehnung und Gewicht zu. Dann hat er seine Vollkommenheit erreicht.

Nun wird er von den Kupferblechen mit einem stumpfen Messer abgeschabet; man stößt ihn darauf in einem Troge pulverig, feuchtet ihn noch mit Essig etwas an, und drückt ihn in Säcke von weissem Leder zusammen, die man hernach zur Austrocknung aufhängt.

Trebern die man schon zu Leger gebraucht (d. i. mit Wasser ausgepreßt hat,) taugen nichts mehr zum Grünspan und zum Brandweinbrennen.

Wie die Trebern aus der Presse oder Kelter kommen, bringt man sie in hölzerne oder steinerne Tröge, oder in eine Ecke des Kellers, und macht sie klein; in solchem Zustande werden sie dann in die Brandweinbrennereien und Grünspanfabricken verkauft.

Wenn die Trebern zum Grünspanmachen aufbehalten werden sollen, so müssen sie 1) wohl ausgepreßt seyn, daß sie wenn man sie zerreibt, die Finger nicht mehr befeuchten, sondern ganz trocken sich zerreiben lassen. 2) Muß man solche in ganz fest zugemachten Fässern an einem kühlen Orte aufbehalten, und 3) weil sie sich dennoch in diesen zugemachmachten Fässern nur 3 bis 4 Monate erhalten, so muß man sie innerhalb dieser Zeit gänzlich verbrauchen. Man muß daher zum baldigen Verbrauchen derselben die Töpfe zum Grünspan ganz groß machen lassen.

Die Trebern verderben sehr leicht, das kleinste Stückchen das nur ein wenig feucht ist, kann ein ganzes Faß in Gährung setzen, und giebt man auf die erste saure Gährung nicht wohl acht, so gehet sie bald in die Faule über, und alsdann ist alles verlohren.

So bald man also die saure Gährung bemerkt, müßte man die Trebern eilends aus dem Faß in die Töpfe füllen, in welchen man den Grünspan verfertigt, nur daß man die schimmlichten wegwerfe; läßt man aber dieses zu lange anstehen, so gehen wenigstens in grosen Fässern die untersten Lagen in die faule Gährung, werden schwarz und unbrauchbar.

II. Artikel.

Von Bereitung des destillirten oder crystallisirten Grünspans.

Zur Verfertigung des crystallisirten Grünspans, bedienet man sich des destillirten Weinessigs, der nicht brenzlicht riecht, und thut zum Beispiel 25 Pfund schönen Spangrün in einen Krug, und bis auf 28mal seines

nes Gewichts destillirten Weinessig darauf. Dies thut man verschiedenemale nach einander, und stellt den Krug an einen warmen Ort, während daß man die Materie mit einem langen hölzernen Stabe umrühret. Nach Verfluß von 4 oder 5 Tagen gießt man die Flüßigkeit ab, die von dunkelgrüner Farbe ist, und läßt sie sich setzen. An ihre Stelle gießt man wieder frischen Essig auf. So lösen sich endlich nach und nach 20 Pfund von den zur Auflösung hingestellten 25 Pfunden Grünspan auf. Man hat behauptet, daß die 5 übrigen Pfunde geschmolzen ein Metall von besonderer Natur gäben. Ich für mein Theil habe nur Kupfer darinn bemerkt.

Wenn die Flüßigkeit hell genug ist, so thut man sie zum Verdampfen in große, den Farbekesseln ähnliche Kessel, macht Feuer darunter, und bringt die Flüßigkeit zur Konsistenz eines etwas dicken Sirops.

Nun hat man irdene Töpfe, die höher, als breit sind, und zum Höchsten 12 Pinten fassen können. In diese legt man weise Hölzer, einen Fuß lang, von dem einen Ende fast bis zum andern gespalten; wo es noch ganz bleibt. In diese Spalten steckt man kleine hölzerne Würfel, die die beiden gespaltenen Theile aus einander halten. In jeden Topf legt man höchstens drei derselben, und füllt sie mit der eingedickten Flüßigkeit an, trägt alles in die Wärmkammer, und gießt etwas

guten

guten Brandewein über die Feuchtigkeit. Einige wollen, man soll Harn zum Brandewein thun. Nahe an 14 Tage läßt man die Töpfe in der mäßig erwärmten Warmkammer. Von letzterer Vorsicht hängt die Menge und Größe der Krystallen ab, die sich um die Hölzer herum ansetzen, und Spitzsäulen bilden, die man allmählig in der Wärmkammer trocknen läßt, und sie unter dem Namen des destillirten Grünspans in Handel bringt. Man sagt die Hölzer dienten zur Erhaltung der Schönheit der Krystallen, der Leichtigkeit halber, mit der sie etwas Feuchtigkeit an sich ziehen. Ich sehe keine andere Absicht dabei, als welche die Zuckerbecker beim Candiszucker haben, dem destillirten Grünspane mehrere Oberfläche zum Krystallisiren darzubieten, denn das Gewicht dieser Hölzer kann nicht in Betrachtung kommen; es ist von zu geringer Erheblichkeit, da eine Stange, die anderthalb Pfund wiegt, vielleicht keine Unze Holz enthält.

An den Wänden der Töpfe befinden sich andere Krystallen, wovon einige sehr klein und unzusammenhängend sind. Man nimmt sie mit ein wenig destillirten Weinessig hinweg, der auch einen Theil des Grünspans auflößt, der sich während der Krystallisation niederschlägt. Die andern grosen eckigten Krystallen werden herausgenommen, in der Wärmkammer getrocknet, und im Handel verkauft.

Die übrig bleibende Mutterlauge wird in einem leichten Kalkwasser zerlassen, dann versucht man, ob ihr Grünspan oder Weinessig fehlt, dieses giebt man ihr, und läßt sie bis zum Ende anschiesen, so daß von dieser Seite nichts verlohren geht.

III. Artikel.

Beschreibung einiger sowohl dauerhaften als nicht dauerhaften grünen Farben, welche anstatt des Grünspans können gebraucht werden.

1.

Man nimmt 48 Unzen blauen Vitriol, und 61 Unzen Bleizucker, die man in siedendem Wasser jedes besonders auflößt, und die Auflösungen vermischt. Sogleich ergreift die Vitriolsäure das Blei, und bildet mit ihm einen Niederschlag, und die obenstehende Flüßigkeit ist eine Vereinigung der Essigsäure des Bleizuckers und des Kupfers aus dem Vitriole. Man läßt die Flüßigkeit abdampfen, und erhält 40 Unzen krystallisirten Grünspan. Das Präcipitat wiegt ungefehr 50 Unzen, und kann, wohl gewaschen, als vortrefliches Bleiweis genutzt werden. Man muß um schöne rhamboidalische Grünspankrystallen zu erhalten, die Flüßigkeit im Backofen verdampfen,

pfen, damit sie von allen Seiten erhitzt werde, sonst bekäme man nur sehr kleine Krystallen.

Diese Bereitungsart beschreibt der berühmte Wenzel und ist von Hrn. Struve mit glücklichem Erfolg nachgemacht worden.

Hr. Hahnemann merkt dabei an: Man sollte vor dem Abdampfen die Flüßigkeit mit Bleiessig untersuchen, ob noch überflüßige Vitriolsäure etwa darinn vorhanden ist, und sie dadurch herausschlagen.

2.

Die auf folgende Art bereitete grüne Farbe, kann die Stelle des Grünspans vertreten; ist sehr wohlfeil, und schöner, als das Braunschweiger Grün, nur von keiner größeren Dauer als das gewöhnliche Spangrün.

Man nimmt 3 Pfund gepülverten Kupfervitriol, 2 Pfund Bleizucker, und 10 Pfund gebrannten Gyps. Man mischt es zusammen, und schüttet nach und nach 16 1/2 Pfund Wasser hinzu, die sich völlig hineinziehen, und erhält auf diese Weise 15 Pfund Grün, welches höchstens 15 Kreuzer das Pfund zu stehen kommt. Struve.

3.

Das geläuterte Braunschweiger Grün kann nachgemacht werden, wenn man das Kupfer in Weinstein auflöset, oder wenn man eine Auflösung des blauen Vitriols mit einer Kalk oder Kreideauflösung in Weinstein und Wasser vermischt. Struve.

4.

Eine andere Gattung von Grün, welches die Gebrüder Gravenhorst zu Braunschweig bereiten und welches in Sonne und Wetter dauerhaft ist, wird folgendergestalt nachgemacht.

Man löst gleiche Theile Kochsalz und Kupfervitriol in siedendem Wasser auf, und schlägt die Auflösung mit geschlämmten Kalke nieder, mit der Vorsicht, etwas weniger Kalk dazu anzuwenden, als zur Sättignng der Flüßigkeit hinreicht, und so erhält man das in Deutschland so geachtete und so gebräuchliche Braunschweiger Grün. Struve.

5.

Herr Rinmann beschreibt eine neue grüne Farbe folgendergestalt zu verfertigen.

Man übergießt ein Pfund rohen ungebrannten Farbenkobold, der aber vom Kupfererz frei,

frei, auch so wenig als möglich, vom Kupfernickel enthalten muß, zart pulverisirt, in einem geräumigen gläsernen Kolben mit 8 1/2 guten Scheidewasser, setzet den Kolben in eine Sandkapelle, und erhitzt sie so allmählig, bis das Scheidewasser mit einem Schaum und braunen Dämpfen zum Sieden kommt. Für diesen Dämpfen muß man sich sorgfältig hüten. Die Auflösung erfolgt unter diesen Umständen binnen etlichen Stunden, wobei fast alles bis auf einen geringen Bodensatz aufgelöset werden, und die Auflösung selbst eine rosenrothe Farbe erhalten wird: da dann der braune Dampf abnimmt, und die Flüßigkeit bei stärkerer Hitze mit grosen Blasen zu sieden anfängt. Dann läßt man das Feuer ausgehen, die Auflösung nach und nach erkalten, und etliche Tage in Ruhe stehen, bis sie sich vollkommen abgekläret hat. Dann schüttet man langsam das Klare ab, und bringt den Satz auf ein doppeltes Filtrum, das in einen gläsernen Trichter gelegt worden ist; damit man die sämmtliche Flüßigkeit völlig klar erlangen möge.

Hierauf löset man ein Pfund reines Kochsalz in einer besondern Flasche in so vielem Wasser auf, als solches ohne Wärme gut auflösen kann, und seihet diese Auflösung ebenfalls durch graues Papier, damit sie recht klar werde.

Diese beiden Auflösungen werden sodann mit einander vermischt, und geben die be-

Lange

kennte sympathetische Dinte ab, welche zu einer unsichtbaren Schrift gebraucht werden kann, die in der Wärme schön Mineralgrün aussehen wird, und bei der Abkühlung wieder verschwindet. Diese Farbe ist das, was man in der Kälte und Wärme unverändert und in pulverigter Gestalt haben will.

Zu dem Ende werden 2 Pfund Zink in 10 Pfunden Scheidewasser, oder so viel davon nach Beschaffenheit der Stärke desselben nöthig seyn mag, aufgelöset, so daß letzteres zuerst in den vorigen, oder in einen noch geräumigen Kolben, geschüttet wird. Der Zink wird vorher gekörnt, a) und nach und nach in kleinen Portionen in das Scheidewasser behutsam eingetragen. Die Auflösung geschiehet lebhaft, und mit starkem Aufbrausen, darum muß immer nur wenig auf einmal vom Zink hineingelegt werden. Wenn sich endlich nichts mehr in der Kälte auflösen wollte, so bringt man den Kolben in eine erwärmte Sandkapelle, bis alles aufgelöset wird. Sollte aber von der angegebenen Menge Scheidewasser das ganze Gewicht des

Zinks

a) Gekörnt wird der Zink am besten, wenn man ihn in einer gläsernen Kelle schmelzen läßt, dann über ein hölzernes mit Wasser angefülltes Gefäß einen trocknen Besen legt, und den geschmolzenen Zink langsam durch den Besen ins Wasser gießt.

Zinks nicht alles aufgelöset werden können, so muß auf den Ueberrest noch etwas Scheidewasser geschüttet werden. Diese sämmtliche Auflösung läßt man ebenfalls, wie die erstere, für sich abklären, und bringt nur den Ueberrest auf ein Filtrum.

Diese klare Zinkauflösung, welche ohne Farbe seyn muß, wird nun, nebst vorerwähnter zusammengesetzten Auflösung des Kobolds und Kochsalzes, mit 10 bis 20mal so viel reinem Wasser in einer verhältnißmäßigen grossen Wanne von Tannenholz mit einander vermischt. Dann muß man auch eine starke und durchgeseihete klare Auflösung von ohngefehr 10 Pfunden reiner Potasche in Wasser zu Hand haben; von welcher man nun nach und nach eine Portion unter die verdünnte Mischung schüttet, da dann zuerst der Zink als eine weisse Gerinnung sich auszuscheiden und niederzufallen anfängt, dem aber bald hernach der Kobald in röthlichten Farbe nachfolget. Hierbei muß alles mit einem hölzernen Spatel wohl umgerühret werden. Mit zugießen der Lauge fähret man so lange fort, als sich davon noch etwas röthlichtes ausscheiden läßt. Wenn es nöthig wäre und das Mengsel etwas zu dick werden sollte, so kann noch mehr Wasser zugeschüttet werden, damit der Niederschlag gut niederfalle, wozu auch etwas Wärme beförderlich ist. Sollte sich in dem klaren Wasser nach einer Ruhe von 24 Stunden noch einige Röthe zeigen,

so

so ist noch Kobold darinn, welcher durch mehrere alkalische Lauge ausgeschieden werden muß. Wenn sich endlich nach etlichen Tagen alles gesetzt hat, so schüttet man die überstehende Flüßigkeit ab, hebt sie aber zu einer andern nützlichen Anwendung auf, welche am Ende angeführet werden soll, giest dann wieder frisches Wasser auf den Satz, und wiederholt nach dem Absetzen des ab- und zuschütten des Wassers so oft, bis man dadurch alle Salzigkeit ausgewaschen hat. Alsdann breitet man ein linnenes Tuch über einen ausgespannten Rahmen, befestiget es daran mit Nägeln, und schüttet nach und nach den ganzen röthlichten Brei darauf, um alles Wasser so viel möglich davon abzusondern. Endlich breitet man doppelte Bogen Maculaturpapier auf etliche geflochtene Horden, streichet den dicken Brei darauf, und stellet solche an die Luft zum Abtrocknen.

Man wird auf solche Art ungefehr 5 Pfunde von einem weißen, wenig fleischfarbigten trocknen Kalk erhalten, welcher zu feinem Pulver zerrieben, und durch ein zartes Haarsieb geschlagen werden muß. Dies Pulver theilt man darauf in verschiedene flache, gut durchgebrannte unglasurte töpferne Geschirre, mit eben dergleichen Deckeln bedeckt, setzet solche in einen dazu schicklichen Calcinirofen auf paßliche Gestelle, erwärmt sie erst allmälig durch umher gelegte Kohlen; zuletzt aber müssen sie stark zum Glühen gebracht werden,

jedoch

jedoch mit der Vorsicht, daß weder Kohlen noch Asche darein fallen können. Währendem Glühen muß auch das Pulver etlichemal mit einem eisernen Hacken umgerühret werden, bis man sieht, daß es eine so schöne grüne Farbe erhalten hat, als man verlangt. Durch braunrothes Glühen wird die Farbe hell, in stärkerer Hitze aber dunkelgrüner.

Je mehrere Zinkauflösung man nimmt, desto heller wird die Farbe. Ein Theil der obgedachten sympathetischen Dinte hat mit 6 Theilen Zinkauflösung, dem Maaße nach, ein schönes helles Mineralgrün, 2 Theile der erstern, und 3 Theile der letztern haben ein Mittelgrün, und gleiche Theile von beiden eine schöne dunkelgrüne Farbe gegeben. Von obgedachten Gewichte eines Pfundes Koboldes gegen 2 Pfund Zink, hat man ungefehr wieder 3 Pfund zu erwarten.

Die Verkalkung oder Brennung der Farbe kann angeführtermaaßen in einem verhältnißmäßig grosen Kalcinirofen, von der Art, wie er zur Kalcination der Potasche gebraucht wird, verrichtet werden. Vielleicht könnte man sie auch in einem Töpferofen veranstalten. Die erstere Salzlauge, welche über dem Präcipitate befindlich ist, giebt nach der Abdünstung und Krystallisation, wenn sie an einen kühlen Ort gestellet worden, eine gute Portion Salpeter und Digestivsalz, und nebst

einis

einigermaassen die Kosten des Scheidewassers vergütet werden können.

Auf solche Art wird die schöne grüne Farbe der sympathetischen Dinte an den Zinkkalk gebunden, welche alle aus dem Kupfer zubereitete grünen Farben an Lebhaftigkeit und Beständigkeit übertrift, und sowohl zu feinen Oel- als Wasserfarben, nach Belieben mit Schieferweiß, oder noch besser, mit spanischen Weiß oder Wißmuthkalk, versetzet werden kann.

Thut man zu obgedachter Mischung, oder sympathetischen Dinte, nach und nach so viel von weißen Zinkblumen, welche auf Messinghütten häufig, und fast umsonst erhalten werden, als sich mit Brausen in der Wärme auflösen läßt, seihet diese Auflösung dann durch, und schlägt sie mit Potaschenlauge nieder, so erhält man auch einen röthlichten Kalk, welcher durch Brennen mit etwas wenigern Kosten, eine eben so schöne dunkelgrüne Farbe liefert.

6.

Man löset zwei Pfund blauen cyperischen Vitriol in fünf bis sechs Pfund siedendem Wasser auf, vermischt ihn mit dreiviertel Pfund feingeriebener Kreide zu einem Brei und läßt ihn trocknen: Hierdurch erlangt man einen schönen grünen dauerhaften Kalk, welcher

cher nach und nach immer grüner wird. Von Schütz Auszug aus Krünitz Oec. Technol. Encyclopädie Vter Theil.

7.

Man löse eine beliebige Quantität blauen Vitriol in einer hinlänglichen Menge reinem Wasser auf, und gieße nach und nach eine mit guter Potasche gemachte reine Solution so lange hinzu, bis nach dem Umrühren von der Potaschensolution kein Aufwallen mehr erfolgt. Es wird ein Präcipitat erscheinen. Man seihe alles durch, und trockne es an der Luft, so wird man eine grüne Farbe bekommen, welche sich mit Bleiweiß vermischen und in Oel setzen läßt. Von Schütz Auszug aus Krünitz Oec. Techn. Encyclopädie Vter Theil.

8.

Man nehme vier Theile blauen Vitriol, einen oder zwei Theile Alaun, löse dieses in einer hinlänglichen Quantität Wasser auf, gieße eine reine Potaschensolution so lange hinein, bis fast kein Aufwallen mehr erfolgt, seihe alles durch, und trockene es an der Luft, so wird man eine sehr schöne grüne Farbe erhalten, welche eben dasselbe leistet, was von der Vorhergehenden angezeigt worden. Von Schütz Auszug aus Krünitz Oec. Techn. Encyclopädie Vter Theil.

9.

Man löse 4 bis 6 Loth blauen Vitriol in Wasser auf, thue einen Theil geschlämmten weissen Töpferthon hinzu, rühre es wohl durch einander, gieße wann das Aufwallen vorbei ist, wieder etwas von der Potaschenauflösung dazu, rühre es gut durch einander, gieße wann das Aufwallen vorbei ist, wieder etwas von der Potaschenauflösung dazu; rühre es gut durch einander, gieße wann das Aufwallen vorbei ist, wieder etwas von der Potaschenauflösung hinein, und wiederhohle dieses so oft, bis kein Aufwallen mehr erfolgt, und die ganze Masse eine grünlichblaue Farbe hat. Man lasse es 24 Stunden ruhig stehen, gieße die darüberstehende Feuchtigkeit ab, und trockene den Satz an der Luft: so wird man eine grüne Farbe erhalten, welche sich mit Bleiweiß und Oel vermischen läßt. Von Schütz Auszug aus Krünitz Oec. Techn. Encyclopädie Vter Theil.

10.

Man nehme vier Theile blauen Vitriol, löse ihn in einer hinlänglichen Menge Wasser auf, setze einen Theil gelöschten weißen und an der Luft getrockneten Kalk hinzu, rühre alles durch einander, gieße alsdann etwas von einer Potaschensolution hinzu, und verfahre auf vorerwähnte Art; nur muß man bei Bereitung dieser Farbe nicht den völligen

Punkt

Punkt der Sättigung, oder wenigstens denselben sehr behutsam beobachten. Das Produkt davon ist eine vortrefliche Wasserfarbe, die sich auf Kalk und Gyps verbrauchen läßt, und an der Luft unverändert bleibt. Von Schütz Auszug aus Krünitz Oec. Techn. Encyclopädie Vter Theil.

11.

Eben so bekommt man auch eine schöne Farbe, wenn man anstatt des Kalkes Gyps nimmt, und wie mit voriger verfähret. Diese beide Farben lassen sich allein mit Oel nicht verarbeiten, können aber als Wasserfarben auf Kalk und Gypswänden sehr wohl gebraucht werden. Von Schütz Auszug aus Krünitz Oec. Techn. Encyclopädie Vter Theil.

12.

Noch erhält man eine schöne dauerhafte grüne Farbe, nach folgender Bereitungsart:

Man löset zwei Pfund Kupfervitriol in fünf bis sechs Kannen reinem Wasser auf; alsdann läßt man in einem andern Kessel zwei Pfund weisse trockene Potasche, und zwei und zwanzig Loth fein geriebenen Arsenik in zwei Kannen Wasser über den Feuer zergehen, seihet die Lauge durch eine Leinewand, und mischet selbige unter starken Umrühren zu der vorigen Kupfersolution. Der Kessel, in welchem diese Mischung vorgenommen wird, muß ziemlich groß seyn, weil hierbei ein Aufbrausen entstehet. Man läßt es einige Stunden stehen, giesst es sodann durch ein Tuch, und schüttet noch einigemal warmes Wasser darauf, um das Präcipitat wohl abzusüßen. Von der angegebenen Quantität erhält man ein Pfund und dreizehn Loth grüne Farbe, welche mit Oelfürniß gemischt, nach drei Jahren nicht die geringste Veränderung erlitten hat. Zu Wasserfarben ist dieselbe ebenfalls zu gebrauchen. Auszug aus Krünitz Oec. Techn. Encyclopädie Vter Theil.

13.

Wird ein dem feinen Grünspan ähnliches Grün erlangt, wenn man ein Pfund gefeiltes Messing, so wie man solches bei den Nadlern kauft, und welches rein ohne Eisen ist, oder gefeiltes Kupfer, welches noch besser ist, mit dem vierten Theil Salmiak, (wozu der Braunschweigische vorzüglich ist.) der mit 16 Loth siedendem Wasser aufgelöset worden, zu einem Brei machet, und diesen sofort, ehe er sich erhitzt, etwa eines Messerrückens dick auf ein kupfernes Blech streichet. Auf diese Art erhält man sogleich einen Grünspan, indem die Salzsäure im Salmiak losgehet, sich von dem Urinösen trennet, und in das Messing greift. Beide zernagen dieses augenblicklich

lich zu einem blaulichgrünen Kalke, und das Urinöse gehet mit dem flüchtigsten Geruche davon. Man muß dabei die Vorsicht gebrauchen, daß man gedachten Brei sich nicht auf einen Haufen erhitzen lasse, weil dabei das Messing sogleich zu einem grünbräunlichen Kalke zerfressen, und unscheinbar wird. Ist aber dieser Fehler erfolgt, so kann man ihm helfen, wenn man diesen Kalk in ein Pulver bringt, aufs neue mit aufgelößtem Salmiak zu einem dicken Brei machet, und so fort auf ein Blech streichet. Diese grüne Farbe wird desto schöner Graßgrün, wenn sie mit der N. 10. bereiteten vermischt wird. Von Schütz Auszug aus Krünitz Encyclopädie Vter Theil.

14.

Auf folgende Art wird eine geringe grüne Farbe bereitet: Die Bereitung dieser Farbenerde aber muß als eine Nebensache betrieben werden können, wenn sie vortheilhaft seyn soll. Am nützlichsten kann sie bei solchen Werkstätten angestellet werden, wo viel Silber aus dem Scheidewasser durch Kupfer gefället wird, und man folglich immer eine ansehnliche Menge von einer Kupferauflösung übrig behält.

Man schüttet zu dieser Absicht, nach dem Verhältniß der Kupferauflösung, eine Menge abgelöschten Kalk in ein Gefäß, gießet die Kupferauflösung darzu, und läßt das Mengsel

sel etliche Stunden lang umrühren, bis sich alles Kupfer mit der Kalkerde verbunden hat, und das Wasser nach einer Absetzung gar keine Farbe mehr in sich hat. Man beschleuniget diesen Endzweck, wenn beides heiß vermischt wird, oder hernach eine Wärme angebracht werden kann. Man muß so viel von der Kupferauflösung zu gießen, bis man an der Erde die verlangte Farbe hervorgebracht hat. Wieglebs Magie Iter Band.

IV. Artikel.

Bereitung des Saftgrüns.

Diese Farbe wird aus den reifen Beeren des Kreuz- oder Stechdorns (Rhamnus catharticus) bereitet, welcher hin und wieder in Wäldern, oder auch auf Wiesen wächset. Die Beeren, welche im September zu reifen anfangen, sind äußerlich denen Beeren der Rheinweiden überaus ähnlich, sind von der Größe der Heidelbeeren, rund, glänzend und schwarz.

Man muß davon eine gute Menge, als 3 bis 4 Körbe voll, sammlen lassen. Diese werden darauf in einem grosen steinernen, oder allenfalls auch in einem messingenen Mörser durchaus zerstoßen, und dann in irdenen Töpfen 6 bis 8 Tage lang im Keller gestellet, damit die allzugrose Schleimigkeit dieser Beeren dadurch vermindert werde, und

sie

sie sich alsdann besser auspressen lassen mögen.

Nach Verfluß solcher Zeit werden die zerstossenen Beeren in einem groblinnenen Sacke nach und nach in einer Schraubenpresse ausgepresset. Auf das überbliebene Mark kann hernach etwas Wasser geschüttet, alles durch einander gerühret, und nochmals zusammen ausgepresset werden, damit aller farbigte Saft dadurch vollkommen ausgezogen werde.

Alle auf solche Art erlangte Flüßigkeit läßt man darauf nochmals durch Flanell laufen, und dunstet sie nun zusammen in einem grossen kupfernen Kessel, bei sehr mäßigem Feuer, unter beständigem Umrühren mit einem unten breiten hölzernen Rührer, bis zur Dicke eines Honigs ein. Gegen das Ende muß das Feuer sehr gelinde seyn, sonst läuft man Gefahr, das alles im Kessel schnell hart, und dann verdorben seyn wird.

Um diesen Zeitpunkt recht zu treffen, so ist nöthig, wenn man bemerkt, daß der Saft dicklicher, als er im Anfang war, zu werden anfängt, daß man alle halbe Viertelstunden einen Löffel voll zur Probe auf einen zinnernen Teller schöpft, und ihn darauf ganz kalt werden läßt. Dann kann man aus der dabei sich zeigenden Dicke am sichersten urtheilen.

Vom Anfange der Auspressung an bis zu diesem letzten Zeitpunkte hat der Saft immer eine unangenehme bräunliche Farbe, daran man sich doch nicht stoßen darf. Sobald aber die Abrauchung so weit erfolgt ist, daß die erkaltete Probe auf dem Teller die Stärke des bekannten Holundersaftes hat, so muß man augenblicklich auf die angeführte Menge ein halbes Pfund fein pulverisirten Alaun, den man dazu schon zum voraus bereit haben muß, oder eben so viel gereinigte Potasche, in den Kessel schütten, alles schnell durch einander mischen, und darauf unverzüglich den ganzen Saft ausschöpfen.

Sobald eins von diesen Salzen in den Saft geschüttet wird, so verändert sich auch augenblicklich die vorige schmuzige Farbe in ein schönes Grün. Der Saft kann entweder in töpferne Geschirre, die nicht allzu hoch sind, gefüllet werden, die man im folgenden Winter mit einfachen Papier für dem Staub verbunden, auf den Stubenofen setzt, und da bis zur vollkommenen Austrocknung stehen läßt. Oder, man füllet ihn in grosse Rindsblasen, steckt in die obere Oeffnung einer jeden derselben ein Stück ausgehöhltes Holunderholz zur Ausdünstung der übrigen Feuchtigkeit, schnürt um selbiges die Blase fest zu, und hängt sie den Winter durch um den Stubenofen herum, bis auch darinn der Saft ganz trocken und haltbar geworden ist. Er pflegt gemeiniglich im ganzen mit

den

den Blasen verkauft zu werden, und deswegen hat diese Farbe von einigen den Namen Blasengrün erhalten.

IX. Abschnitt.

Von Verfertigung der weißen Farben.

I. Artikel.

Von Verfertigung des Bleiweißes.

Das Bleiweiß bestehet aus Schieferweiß und Kreide, welche in einem gehörigen Verhältniß zusammen gesetzt werden, da man nun ohne Schieferweiß kein Bleiweiß verfertigen kann, so folgt eine Beschreibung der besten Art ersteres zu verfertigen.

Man gebraucht hierzu einen Ofen, (siehe die Abbildung Fig. 1. A und B.) Man siehet hier nur die Verrichtung zu 10 Töpfen; aber man kann ihre Anzahl am besten auf 100 vermehren, indem man den Ofen um so viel länger macht, mit Beibehaltung der Breite. Er ist 3 Schuh breit; um die Mauer dazu aufzurichten, legt man eine einfache Mauerziegelschicht auf die breite Kante. In der Breite stehen 2 Töpfe (c) 10 Zoll im

Durchmesser, und 20 Zoll hoch; man bedeckt jeden mit einem wohlpassenden viereckigten Deckel, (b) oder einen gebrannten Ziegel, oder Thonplatten, 13 Zoll breit und 15 lang. In der Mitte jedes Deckels ist ein Knopf, um ihn in erforderlichen Falle aufzuheben. Inwendig auf dem Viertel der Höhe des Topfs geht ein thönerner Kranz (c) herum, der zugleich mit den Töpfen verfertiget und gedreht wird, um die siehende Bleirolle (d) aufzunehmen, und über der sauern Feuchtigkeit (f) empor zu halten. Nun stelle man sich den langen niedrigen Ofen mit seinen 100 Töpfen vor, in der Länge von 30 Ellen, und vorne her (g) einen kleinen Feuerheerd, den man mit kleinem Holz oder Steinkohlen feuern kann. Das Ende des Ofens, oder die Schwanzmauer, geht mit ihrem Rauchloche in einen Schornstein. Nun macht man ein sehr gelindes Feuer an, mit wenigen Stückchen Holz oder Steinkohlen, oder Torf, damit die oben leeren Töpfe keine jählinge Erhitzung ausstehen, und platzen. Nach und nach innerhalb einer Stunde erhöhet man das Feuer, doch so, daß man auf allen Deckeln noch eine Minute die Hand liegen lassen kann, ohne sie zu verbrennen. Dies giebt der sauern Flüßigkeit eine Wärme von 70 Reaumurischen Graden, in welcher man den Ofen 8 Stunden erhält.

Wenn die Deckel wohl passen, so kann die in Dämpfe zerstreute Flüßigkeit sich nirgends ver-

verdicken, sie greift nur in Dampfgestalt das Blei an, das ebenfalls durch die Hitze schon erwärmt, und dadurch zur Aufnehmung der Dämpfe in seine erweiterten Poren geschickt gemacht worden ist. Uebrigens gehet eine Oefnung durch den Knopf des Deckels, wodurch man von Zeit zu Zeit einige Dämpfe herauslassen kann, wenn es nöthig sein sollte. Die Hitze erwärmt die Töpfe gleich von vorne bis hinten, es ist sehr wenig Feuerungsmaterie nöthig, den Ofen beständig in dieser Wärme zu erhalten. Der Rauchfang kann noch überdies mit einem Schieber regiert werden, wenn der Zug zu stark nach hinten gehen sollte. Wenn man die Bleirollen herausnimmt, so besprengt man sie mit etwas Wasser in Bottich, der Arbeiter setzt sich dazu hinein, schabt das Bleiweis davon ab, und wirft das reine Blei neben sich heraus. Es stiebt nicht so sehr, wenn es geschabt wird, löst sich auch leichter los, wenn es mit wenigem Wasser angefeuchtet ist. Das abgeschabte läßt man im Bottig liegen, und stampft es mit etwas hinzugegossenem Wasser zu einem dicklichen Breie. So läßt man es etliche Tage liegen, die mit abgeschabten Bleitheilchen werden in diesem Gemisch durch die am übrigen Bleiweiße befindliche verstärkte Essigsäure mit zerfressen. Dann bringt man diesen Brei auf die Mühle; hiezu mischt man (nach Demachys) während dem Reiben gleiche Theile bis auf ein Viertel seines Gewichts gleichfalls geriebene und geschlämmte Kreide. Nach Hrn.

Weber

Weber aber mischt man zu einem Theile reinen Bleiweiß, einem bis 3 Theilen Kreide. Man läßt von Zeit zu Zeit etwas Wasser, und so viel Kreide oder weisse Thonerde, dazu laufen, als zum Bleiweiß kommen soll. Einen Theil aber läßt man rein, ohne erdigten Zusatz, als einen dünnen Brei von der Mühle laufen, in flache wagerechtstehende bleierne Pfannen, die man in die Wärmkammer bringt, und diesen Bleiweißbrei darinn zum Schieferweiße trocknen läßt, einer Linnie stark. Das übrige Bleiweiß wird in kurze breite Tuten von Fließpapier gegossen, die in Kreideformen, wie Kögel ausgehöhlt stehen. Sie trocknen bald darinn: Man nimmt diese Bleiweißkegel heraus, schlägt noch ein blaues Papier darum, um die Weisse zu erhöhen, und bindet sie kreuzweis mit Faden von Hanf- oder Flachswerg zum Verkauf.

Das Cremnitzer Weiß bestehet nach dem Weber in Bleiweiß mit Gummiwasser getränkt, und das Schieferweiß im Bleiweiß mit ein wenig Stärke und Wasser zum Teige gemacht, und über eine geölte Platte gegossen, Struve.

Das Perlweiß ist nichts anders als Bleiweiß, worunter etwas Berlinerblau gemischt wird.

II. Artikel.

Von Verfertigung weisser Farben, welche die Stelle des Bleiweißes können vertretten, auch noch besser sind.

1.

Man kann eine Art Bleiweiß mit vielem Vortheile machen, wenn man gepulverte Glätte mit Vitriolgeist, worinn man etwas Kochsalz hat zergehen lassen, kochen läßt und das Gemisch rühret. Wenn die Glätte schön weiß geworden ist, so wäscht man sie.

2.

Man erhält ein sehr schönes Bleiweiß, wenn man eine Bleizuckerauflösung mit einer Auflösung des Alauns oder mit Vitriolspiritus niederschlägt.

3.

Der Zink giebt eine viel schönere weisse Farbe und die viel beständiger ist als Bleiweiß. Zink in verdünnetem Schwefelöl aufgelößt, und mit Potaschenlauge, auch wenn die Farbe wohlfeiler seyn soll, mit Kreide niedergeschlagen, ist eine Fabrickmäßige Anwendung desselben zu diesem Behufe. Hahnemann.

4. Eine

4.

Eine Auflösung des Alauns mit 10 bis 15mal so vielem Wasser bereitet, und Zink hineingelegt, liefert eine der schönsten weissen Farben, wenn man die obenstehende Flüßigkeit, worinn sich der Zink zum Vitriole aufgelößt hat, mit Potasche niederschlägt, und die durch den Zink niedergeschlagene Alaunerde dazu mischt. Die abgeseihete Flüßigkeit giebt vitriolisirten Weinstein. Hahnemann.

5.

Noch mehr fabrickenmäßig ist das Verfahren und vortheilhafter, wenn man weissen Vitriol, dessen Benutzung ohnedem sehr gering ist, in kochendem Wasser aufgelößt, mit einer verhältnißmäßigen Portion gekörnten Zink ungefehr eine halbe oder ganze Stunde lang kochen läßt, damit der noch dabei befindliche Antheil Eisen ausgeschieden werde, und diese klar durchgeseihete Lauge mit einer Alaunlauge vermischt, worinn eben so viel Alaun befindlich ist, als man weissen Vitriol aufgelöset hat, und endlich diese Zusammensetzung mit klarer Potaschenlauge niedergeschlagen wird. Wigleb.

X. Abschnitt.

Von Verfertigung schwarzer Farben.

I. Artikel.

Von Verfertigung des Kienrußes, (Rauchschwärze.)

Der Kienruß wird auf zweierlei Art verfertiget. Erstlich nach der in Deutschland, zweitens nach der Französischen oder Pariser Methode.

In Deutschland, (besonders im Thüringer Walde,) erbauet man von Brettern eine dunkle Kammer, 5 bis 6 Fuß hoch, breit und lang, von aussen mit der größten Genauigkeit gedichtet, blos mit 2 Oeffnungen. Die eine ist an der einen Seite unten am Boden, die andere oben in der Decke. Die erstere Oeffnung nimmt eine Art viereckige Ofen ein, 3 Fuß lang, 2 hoch, und eben so breit. Die Thüre dieses Ofens und die Hälfte seiner Länge, sind auser der dunkeln Kammer, und der übrige Theil inwendig. Dieser innere Theil des Ofens hat keine Standmauer, und ist ganz offen. Das in der Decke gelassene Loch ist rund, hat 2 Fuß im Durchschnitte, und wird ganz mit einem Kegel (Trichter) von dichtem wollenen Zeuge verdeckt,

deckt, der 3 bis 4 Fuß hoch ist. Dieser Kegel ist an seiner oben offenen Spitze, an dem Ende zweier auf der Decke stehenden Hölzer befestiget, die oben mit ihrer Spitze zusammen kommen.

Nur ein Kind regieret die Arbeit. Es zündet das Feuer im Ofen am vordersten Ende mit Stücken wohlgetrockneten harzigten Holzes an. Von Zeit zu Zeit wirft es mit Unrath und Koth vermischte Stücken Harz darauf, und giebt nun acht, daß die Flamme nicht allzustark werde, die sonst den verlangten Ruß vermindert. Der Rauch tritt in die dunkle Kammer, und ziehet sich nach dem Trichter; wenn nun der Aufseher bemerkt, daß er hinlänglich gefüllt ist, so verläßt er einen Augenblick seinen Ofen, und schlägt mit einer langen Stange auf allen Seiten an den Kegel. So fällt der Ruß herab auf den Boden der dunkeln Kammer, welcher von Ofen in einer Wärme erhalten wird, die dem Ruße verstattet, zusammen zu backen, und fest zu werden.

Anders bereitet man das Rauchschwarz in Paris. An einem abgelegenen Orte sucht man ein Zimmer aus, woran man die Thür ausgenommen, alle Oefnungen verstopft; die Wände schlägt man, so wie die Decke inwendig mit wohl ausgespannten Hammelfellen aus, wovon die Wollseite auswärts gekehrt wird. In der Mitte dieser Kammer stellt

man

man einen Kessel von gegossenem Eisen, darinn man alle Ueberbleibsel der Produkte der Fichte, Harze, Schiff- und Bourgondisches Pech u. s. w. thut. Das Feuer zündet man mit einigen Stücken leichtem, mit diesen Materien überzogenen Holze an. Nun verschließt man die Thüre und bemerkt von Zeit zu Zeit, durch ein in der Thüre befindliches Loch, ob die Materie noch brennt. Da man nun weiß, wie viel brennliches man aufgelegt hat, und die Zeit kennt, worinn es durch die Flamme verzehrt werden kann, so kann man, wenn man merkt, daß die Flamme allzubald aufgehöret hat, dadurch noch helfen, daß man das übrige wieder anzündet. Ist es aus Mangel der Nahrung verloschen, so zieht man den Kessel heraus, und schiebt einen andern voll angezündeter brennlichter Materie hinein. Alles dies geschiehet, ohne in die Kammer zu gehen. Man hat hiezu Haken, Schaufeln und andere Werkzeuge, die lang genug sind, alle diese kleinen Behandlungen durch den Thürstock ins Werk zu richten.

Sieht man nun, daß das Rauchschwarz sich hinlänglich angehäuft hat, so hat man am Ende einer Stange wohl ausgezupftes Besenreisig gebunden, vermittelst welchem man gleich als mit einem Besen, über alle die Häute hinfährt; und hierdurch alles Rauchschwarz auf den Boden der Kammer fallen läßt, wovon man es auffammelt, um es in runde Schachteln zu packen, die 18 Zoll hoch, und 12 Zoll im Durchschnitte haben, Galons heißen, und 4 Unzen Rauchschwärze enthalten, die vom Fabrikanten für 14 Sous verkauft werden, welches für das Pfund 56 Sous ausmacht.

Herr Struve beschreibt die Art wie man den Kienrus zum mahlen geschickt macht, und ihm seinen Geruch benimmt. Der ganze Proceß besteht darinn, daß man Schmelztiegel damit anfüllt, sie zumacht, und wohl verküttet kalcinirt. Dieses Brennen zerstört die öhlichten Theile, die noch nicht völlig zersetzt waren, und macht diese Farbe dadurch zu der Mahlerei, und dem Gebrauche, wozu man sie bestimmt geschickt. Nach Herr Hahnemann bedienet man sich statt der Schmelztiegel geringer irrdener Töpfe, oben und unten mit Kupferdrath gebunden, die man mit Scherbeln belegt, wenn der Rus hineingedrückt ist, und mit Leimen verstreicht, der mit Flachs- oder Hanfkaf, oder Schäben und Wasser zum Teige geknetet worden. Man setzt diese Töpfe reihenweise in eine Art Kalcinirofen, läßt sie nach und nach erhitzen, und überhaupt nur eine gute halbe Stunde glühen, und das Feuer dann ausgehen.

II. Artikel.

Von Bereitung der Buchdrucker- oder Frankfurter Schwärze.

Herr Struve beschreibt in seinen Versuchen oder Bemerkungen über die Chemie die Art, es zu bereiten; sie ist folgende: In den Gegenden von Mainz thut man die Trestern in einen bloß hierzu erbauten Ofen, wo kein Zugang der Luft dazu kommen kann. Darinn verwandelt man sie in eine feste schwarze Masse, die man dann auf einer Mühle zu einem feinen Pulver reibt. Darinn feuchtet man dies Pulver ein wenig an, und packt und schlägt es in Fässer, die man nach Frankfurt schickt. Deshalb führt es auch den Nahmen: Frankfurter Schwärze.

Eine ähnliche Schwärze bereitet man durch Brennen der Weinhefen.

III. Artikel.

Von Bereitung der Tusche.

Nachfolgende Beschreibung der indianischen Dinte oder Tusche, soll von einem Portugiesischen Indianer herrühren, der sehr lange zu Bengalen gewohnt, und vielmals Reisen nach China gethan hat, in welchem Lande eigentlich die beste Tusche angetroffen und bereitet wird.

Man nimmt Apricosensteine, schlägt sie auf, und nimmt die Kerne heraus. Die Schalen füllet man in kleine Töpfe, belegt sie mit Deckeln, bestreicht Töpfe und Deckel mit Lehmen überall, und läßt sie langsam an der Luft abtrocknen. Wenn sie ganz abgetrocknet sind, so schiebt man sie in einen Backofen, der zum Brodbacken geheizet ist, ehe noch das Brod in den Ofen geschoben wird. Am besten ist es, eine grose Menge davon auf einmal dergestalt zurecht zu machen, und einen kleinen Backofen besonders zu diesen Töpfen heizen zu lassen. Der Endzweck, welchen man dadurch zu erreichen sucht, ist, daß die Schalen der Aprikosenkerne zu einer gut ausgebrannten Kohle im verschlossenen gemacht werden, ohne daß sie in Flamme gerathen und verbrennen, in welchem Falle nur eine graue Asche davon überbleiben würde.

Wenn die Töpfe erkaltet sind, öffnet man sie behutsam, damit nichts vom Lehmen hineinfalle, nimmt die verkohlten Schalen heraus, und stößt sie zu einem sehr feinen Pulver, das durch ein klares Pulversieb geschlagen werden muß.

Mittlerweile läßt man arabisches Gummi in Wasser zergehen, und zwar in solcher Menge, daß das Wasser etwas dick davon werde.

Dann

Dann nimmt man auf einen marmornen Reibstein eine Portion von dem schwarzen Pulver, nebst einer verhältnißmäßigen Menge Gummiwasser, und zerreibet solches mit einem Laufer zu einem Teige recht lange durch einander, wie man die Mahlerfarben zu reiben pflegt. Wenn endlich daran alle Zeichen der höchsten Feinheit erscheinen, so thut man diesen Teig in kleine Formen, die aus dünner Pappe gemacht, und inwendig mit weißem Wachse überzogen worden sind, damit sich der Teig darinn nicht fest ansetze. Sie können auch von Zinn oder Blei gegossen, oder von feinem weißem Blech gemacht worden seyn. Diese letztern müssen zuvor mit einem angeölten Papier inwendig bestrichen werden. Hierinn läßt man den Teig langsam abtrocknen, und alsdann ist die Tusche zum Gebrauch fertig.

Der Bisamgeruch den die chinesische Tusche bisweilen hat, trägt zu ihrer Güte nichts bei, und rühret daher, wenn die Chineser etwas Bisam unter die Farbe reiben; es ist daher auch dieser Geruch der einheimischen Tusche eben sowohl zu verschaffen.

Da überhaupt die Reinigkeit der Materien zur Schönheit dieser Zusammensetzung viel beiträgt; so werden diejenigen, welche sie anstellen wollen, dafür sorgen, daß sie reines und helles Wasser dazu anwenden, in welchem weder schlammigte, noch erdigte Theile befindlich sind, und eben so wird auch für das reinste Gummi zu sorgen seyn.

Die verschiedenen eingedruckten Figuren, die man auf den Täfelchen der chinesischen Tusche siehet, sind die besondern Zeichen derjenigen Personen, die sie machen; so wie in allen Ländern die Kauf und Handwerksleute dergleichen Zeichen haben, wodurch sie das, was aus ihren Händen kommt, unterscheiden. Die Chineser machen diese eingedruckten Zeichen mit kupfernen Stempeln oder Formen.

Da auch sogar unter derjenigen Tusche, die in China selbst gemacht wird, ein Unterschied ist, und mithin eine Wahl statt findet; so kann man sich leicht vorstellen, daß eben dies auch von derjenigen gelten müsse, die in andern Ländern gemacht wird. Denn je mehr man eine Materie unter die Hände bekommt, destomehr erkennet man, wie viel verschiedene Arten es von derselben giebt, und je mehr man sie bearbeitet, destomehr findet man, daß ein gewisser Handgriff dazu erfordert wird, den man ohne Uebung nicht allezeit mit gleicher Genauigkeit treffen kann. Eben also müssen auch die verschiedene Festigkeit und Güte der Apricosenkerne, der Grad ihrer Verbrennung zu Kohle, die Feine des daraus entstehenden Pulvers, das Reiben auf dem Marmorsteine, die Reinigkeit des Wassers, ingleichen die Schönheit und Menge ge des Gummi auch nothwendig eine große Verschiedenheit in der Tusche machen, die daraus verfertiget wird. Es müssen demnach diejenigen, welche nach dieser Vorschrift ihre Tusche machen wollen, überall die rechten Maasregeln ergreifen, wenn sie bei einer Arbeit glücklich fahren wollen, die mehr Sorgfalt und Fleiß, als Unkosten, erfordert.

Es sind inzwischen die Aprikosenkerne nicht die einzigen Substanzen, woraus Tusche gemacht werden kann; sondern es ist ein jeder anderer Körper dazu geschickt, welcher eine recht schwarze und weiche, nicht glänzende, Kohle bei seiner verschlossenen Ausbrennung hinterläßt. Daher wird auch selbst in China eine grose Menge Tusche aus Lampenschwarz oder Kienruß bereitet, den man also auch wie den Steinkohlenruß eben so gut hier zu Lande dazu anwenden kann, wenn man ihn vorbeschriebenermaßen behandelt, und in Täfelchen formiret. Zu solchem Ende können auch die harten Schalen verschiedener anderer Kerne, als von Pfirschen, Mandeln, welschen Nüssen und Pflaumen anzuwenden versucht werden, wenn sie vorher in recht wohl verklebten Gefäßen ausgebrannt worden sind.

XI. Abschnitt.

Von Verfertigung der Pastelfarben.

Pastelfarben, oder Pastelstifte, werden einzig zur Pastelmahlerei gebraucht. Weil dabei alle Farben trocken aufgetragen werden, so müssen alle dazu erforderlichen Farben die Form dünner Stifte bekommen. Da also auch hierbei keine Farbenmischung auf der Palette statt findet; so wird von diesen Farben eine überaus große Menge Abstufungen von jeder einzelnen Hauptfarbe erfordert. Die Güte solcher Stifte bestehet in einer mittelmäßigen Festigkeit, damit sie beim Zeichnen ohne Schwierigkeit abfärben. Ihre Grundlage bestehet aus Gyps, oder gebranntem Alabaster. Am vortreflichsten schickt sich dazu ein Gyps, den man bei verschiedenen Arbeiten, z. B. bei Bereitung der Weinsteinsäure, zufällig aus der Verbindung der Vitriolsäure mit Kalkerde erlangt; es können auch zerbrochene Gypsfiguren dazu angewendet werden. Mit diesem werden nun alle Farben nach ihren möglichen Abstufungen verbunden.

Hierzu sind vorzüglich folgende erdichte und metallische Farben geschickt: Schieferweiß, Bleiweiß, gebrannt Frauenglaß, Ocher, Königsgelb, Neapelgelb, Schütgelb, Auripigment, Rauschgelb, Mennige, Zinnober, Kugellack,

gellack, Florentinerlack, Karmin, englisch Braunroth, Eisensafran, Rötel, Köllnische Erde, Umbra, Grünspan, krystallisirter Grünspan, Braunschweiger Grün, Bergblau, Smalte, Berlinerblau, Indigo, Frankfurter Schwärze, Tusche, ꝛc, d. m.

Von diesen Farben wird nun eine jede einzeln mit ein wenig Gyps auf dem Farbestein mit dem Läufer, nebst etwas Wasser, aufs allerfeinste zerrieben, bis man im Reiben nicht das geringste Geräusch bemerket. Diese zerriebene Masse von einer jeden Farbe wird darauf in 3 Theile von einander getheilet. Der erste Theil giebt einfache Farbestifte; der andere wird durch Zusätze erhöhet, und der dritte mit andern Farben versetzet.

Um nun aus dem ersten Theile die einfachen Farbestifte zu bereiten, so muß man verschiedene kleine Bretchen zur Hand haben. Diese belegt man erstlich mit vier bis sechsfachen grauen Makulatur; zu oberst aber mit weißem ungeleimtem Druckpapier. Darauf streicht man nun mit einem hölzernen Spatel die Farbe, damit ihre Feuchtigkeit in das Papier hinein ziehen, und sie davon etwas trockner werden mögen. Wenn die Farbe nun so weit trocken, daß man sie in der Hand, ohne anzukleben, behandeln kann, so bildet man ein Stückchen Teig, einer Haselnuß groß, nach dem andern, in der Hand erst zu einer

Kugel, dann aber rollet man sie zwischen beiden Händen länglich aus, damit ein an beiden Enden zugespitzter Zylinder daraus werde. Darauf behandelt man ihn noch ebenmäßig zwischen 2 glatten Bretchen, um ihm äuserlich eine egale und glatte Oberfläche zu verschaffen. Man giebt ihnen die Länge von 2 Zollen, und die Dicke einer starken Federspule, legt sie sodann auf ein anderes Bret zusammen, bedeckt sie mit Papier vor dem Staube, und läßt sie im Schatten trocknen.

Wenn auf solche Art das erste Drittel Farbe verarbeitet worden, so wird das andere Drittel wieder auf den Reibestein gebracht, und mit der Hälfte Bleiweiß zur halben Farbe zerrieben. Von dieser wird dann die Hälfte auf die vorbeschriebene Art zu Stiften gebildet. Die andere Hälfte kann darauf weiter mit mehr zugesetztem Weiß nach verschiedener Proportion durch alle Nuancen bis zum höchsten Licht in derselben Farbe versetzet werden. Jede Sorte hievon wird dann wieder eben so zu Stiften gebildet.

Das letzte Drittel der Farbe wird bemeldetermaßen zur Vermischung mit andern Farben gebrauchet, woraus solche Farben entspringen, die im einzelnen nicht vorhanden sind. So wird z. B. zu violetten Stiften Blau, oder Schwarz und Roth, zu Orangefarbigten Roth und Gelb, zu grünen Blau und Gelb mit einander vermischt. Mit diesen

sen neuen Versetzungen muß darauf wieder, wie mit der ersten Farbe, verfahren werden, daß man einen Theil blos für sich zu Stiften, den andern zur halben Farbe durch Versetzung mit gleichem Theile Weiß zu Stiften formiret, und den dritten Theil zu allen übrigen höhern Nuancen anwendet.

Wenn die Stifte abgetrocknet sind, so müssen sie erst gemustert werden, um zu erfahren, ob sie die gehörige Vollkommenheit besitzen. Zu dem Ende muß man zu jeder Nuance einer Farbe 6 Kästchen zur Hand setzen, und nun wird eine Farbe nach der andern vorgenommen, und jeder einzelne Stift probiret. Die zu harten Stifte, welche auf einem blauen nicht allzuglatten Schreibpapier ihre Farbe nicht gut abgeben, kommen in das erste Kästchen. Diejenige, welche zwar die Farbe ablassen, aber bald nachlassen, und blind werden, gehören in das Andere. Zerbrochene Stifte kommen in das Dritte. Manche Stifte schreiben zwar, haben aber so wenig Zusammenhang, daß sich die Striche vom Papier leicht wegblasen lassen; diese legt man in das Vierte. Wenn die Stifte gar nicht den geringsten Druck ausstehen können, so bringt man sie in das Fünfte; die guten und vollkommenen aber in das sechste Kästchen.

Die ersten 5 Sorten müssen dann auf folgende Weise verbessert werden: Der erste Fehler rühret von einer zu starken Portion

Gyps

Gyps her, und wird verbessert, wenn man sie aufs neue mit Wasser od r Milch abreibet. Der andere Fehler rühret gemeiniglich eben daher, und wird durch neue Zerreibung mit blosem Wasser verbess rt. Der dritte und vierte Fehler rührt von mangelnder Bindung her, und wird durch etwas zugesetzten weißen Thon und Milch gehoben. Die Ursach des fünften Fehlers ergiebt sich von selbst, und wird durch etwas zugesetzten Gyps verbessert.

Unter allen werden die Fleischdinten am meisten gebraucht, und aus weiß, roth und gelb zusammengesetzt. Sie sind aber unter sich sehr unterschieden, nachdem man diese oder jene Farbe dazu angewendet hat; anders fallen sie demnach von Bleiweiß, Ocher und Florentinerlack, und anders von Kremnitzerweiß, Königsgelb, und Zinnober aus. Dann hat die Proportion dieser Farben wieder einen großen Einfluß, nachdem entweder von jedem gleich viel, oder von einem die Hälfte, und von jedem der andern nur ein Viertel genommen wird. Weil nun die Natur fast allezeit Nuancen und schielende Uebergänge hervorbringt, so muß der ihn nachahmende Künstler dergleichen auch immer gebrauchen, woraus folgt, daß man dergleichen Mitteldinten in großer Anzahl bereiten müsse.

Die allgemeine Regel bei diesen Farben ist: Gyps ohne oder mit Thon nur zur höchsten

Noth.

Nothdurft zu gebrauchen, um den Farben einigen Zusammenhang zu verschaffen. Milch und schwaches Honigwasser sind gelindere Hülfsmittel. Bei manchen Farben ist auch etwas aufgelößte weiße Seife von Nutzen.

XII. Abschnitt.

Beschreibung einer fabrikmäßigen Bereitung des Salmiaks.

Zu diesem Geschäfte gehöret zuvorderst eine geraumige Werkstatt, die man an einem etwas abgelegenen Orte, wegen des dabei vorkommenden unangenehmen Geruchs, anlegen muß. Nächst dieser sind folgende Gefäße und Instrumente unentbehrlich:

1) Können unter einem luftigen Schoppen mit einem blosen Dache versehen, etliche große Sümpfe wie man sie in den Werkstätten der Seifensieder antrift, in der Erde angeleget werden, worinn Urin gesammlet und zum Faulen aufbehalten wird. Außer diesen sind auch noch

2) viele große mit Hähnen versehene Kübel oder Fässer anzuschaffen, worin man vornemlich im Winter den gefaulten Urin durch den Frost verstärken, und dann bequem daraus ablassen kann.

3) Müs-

3) Müssen sehr große Destillirblasen angeschaffet werden. Es können solche aus starkem Eisenblech gemacht werden, müssen aber nothwendig mehr weit als hoch seyn, deren Helme und Kühlfaßröhren am füglichsten aus Blei bestehen können; zwei Röhren an einem Helme neben einander, und eben so auch zwei im Kühlfasse befördern die Destillation ungemein. Die Anzahl derselben wird nach der Größe der ganzen Anlage bestimmt. Die Hälse dieser Blasen müssen wenigstens zwei Hand hoch seyn, damit der ganze Bauch der Blase eingemauert werden könne; so daß sich die obere Bedeckung des Mauerwerks ringsum an den Hals derselben anschließe; sie müssen auch so weit als möglich gemacht werden, damit der Ueberrest nach geendigter Destillation bequem ausgeschöpft werden kann. Die Ofen, worein sie gesetzt werden, sind wie die gewöhnlichen Brandeweinblasen-Oefen einzurichten. Die Kühlfässer müssen mit Hähnen versehen werden, um das darinn befindliche Wasser abzapfen zu können, wenn es heiß geworden. Wenn in solche das Wasser mit Rinnen eingeleitet werden kann, so wird die Arbeit des Eintragens mit Butten oder Eimern dadurch erspart.

4) Zu Vorlagen, worin der Uringeist aufgefangen wird, dienen am besten hölzerne Fässer. An die unten aus dem Kühlfaß gehende zwei Röhren steckt man eine kurze in zwei Arme sich ausbreitende Röhre von Blei

oder

oder Eisenblech, wodurch also jene beiden in eine gemeinschaftliche Röhre geleitet werden, damit man nicht genöthiget ist, in das unterliegende Faß mehr als ein Spundloch zu machen.

5) Sind verschiedene große Kessel von reinem Zinn, zur Abdünstung der verschiedenen Salzlaugen erforderlich.

6) Werden mehrere große Tröge oder Kübel von starkem Tannenholz vorräthig erfordert, welche theils zur Aufnahme der verschiedenen Salzlaugen, theils zur Aussüßung einer abfallenden Erde, theils als Krystallisirgefäße nöthig sind.

7) Zur Filtrirgeräthschaft werden verschiedene Körbe von geschältem Weidenholze, die mit den Boden an zwei starke Hölzer befestiget sind; große linnene Tücher, von gebleichter etwas grober Leinwand, ingleichen mehrere von starkem Flanell erforderlich seyn.

8) Allerhand Töpfe und kleine hölzerne Gefäße von Tannenholz zum Ausschöpfen der Lauge.

9) Muß man nach Beschaffenheit der ganzen Anlage eine Menge gut glasurte töpferne Formen haben, die denen ähnlich sind, welche in Zuckerraffinereien gebrauchet werden, darin der gereinigte krystallisirte Salmiak

gedruckt

gedruckt und zum abtrocknen bei Seite gesetzt wird.

Die Materialien zur Salmiakbereitung bestehen in Urin, Alaun und Kochsalz.

Der Urin kann an allen Orten am füglichsten aus den öffentlichen Kaffee- und Wirthshäusern, wo täglich eine starke Anzahl Menschen sich aufhalten, ingleichen aus den Wachthäusern und Kasernen dergestalt gesammlet werden, daß man an jeden von diesen Orten ein oder mehrere Fässer von verhältnißmäßiger Größe, mit blechernen Trichtern versehen niederlegt, die man alsdann, wenn sie angefüllet, Früh oder Abends zugespundet abhohlen läßt, und dafür andere leere wieder an ihrer Stelle zurückläßt.

Das Kochsalz muß in solchen Ländern gesucht werden, wo es in überflüßiger Menge und im billigsten Preise zu haben ist.

Die Verfertigung des Salmiaks und des dabei abfallenden Glaubersalzes muß zwar zu allen Jahrszeiten geschehen können; doch ist so viel richtig, daß sie mit etwas mehreren Vortheil im Winter geschehen kann. Erstlich, weil der Urin dann durch den Frost ohne Unkosten koncentriret, und von einer grosen Menge Wässerigkeit befreiet werden kann, daß man hernach daraus bei der Destillation eine größere Menge flüchtigen Urin-

geist

geist mit eben denselben Unkosten erlangen kann, als man außerdem nur einen viel schwächeren Geist erhält. Zweitens, gehet die Destillation des Uringeistes besser von statten, und das Kühlwasser braucht weniger abgekühlt zu werden. Drittens, befördert die Kälte die Krystallisation der Salze.

Ist nun in den grosen Sümpfen und Kübeln eine grose Menge Urin gesammlet werden, und derselbe gehörig in Fäulniß gegangen, so wird er entweder wie er ist, oder im Winter, nachdem er etlichemal durchfroren ist, in die Destillirgefäße gebracht, und diese zu Dreiviertheil damit angefüllet. Darzu wirft man noch um das Ueberlaufen bei der Destillation zu verhüten, etwas altes Fett oder Oel darzu, setzet den Helm darauf, verstreichet die Fugen genau mit einem aus Leinen und Flachsspreu bestehenden Kütum, und stellet nach dieser Vorbereitung die Destillation an. In dem Zeitpunkte, wenn der Urin in der Blase zu destilliren anfängt, muß das Feuer sorgfältig gemässiget werden; dann kann man es in dem Grade leicht unterhalten, bis aller flüchtige Geist übergangen ist, und nur noch eine blose Wässerigkeit übergehet.

Wie man nun beobachtet daß aller flüchtige Geist übergegangen ist, so wird die Blase geöffnet, der Ueberrest in ein leeres Gefäß geschüttet, die Blase aber sogleich wieder mit

Urin angefüllet, und eine andere Destillation wiederhohlet. Auf solche Art wird die Destillation Tag und Nacht beständig fortgesetzet, und binnen 24 Stunden zweimal beendiget.

Den in der Blase überbleibenden Rest habe ich aus folgendem Grunde in ein Gefäß zu schütten vorgeschlagen. Nach aller Wahrscheinlichkeit muß darinn noch eine beträchtliche Menge flüchtiges Alkali, aber nur in einem gebundenen mittelsalzigen Zustande, mit der Urinsäure vereiniget, befindlich seyn. Es wäre daher wohl der Mühe werth, zu versuchen, ob dieses nicht noch mit Vortheil gewonnen werden könnte. Es wäre zu dem Ende eine Blase blos mit diesem Ueberbleibsel aufs neue anzufüllen, eine verhältnißmäßige Menge Holzasche, oder an der Luft zerfallenen Kalk zuzusetzen, und damit eine neue Destillation anzustellen. Die dadurch erhaltene Menge Uringeist und dessen Güte müßte alsdann mit den dieserhalb verursachten Unkosten verglichen und daraus geurtheilet werden, ob dieser Vorschlag nützlich sey, oder ob man den in den Blasen verbleibenden Rest wegschütten könnten.

Folgendes ist die beste Methode den Salmiak zu bereiten.

Nach dieser Methode werden 16 Theile Alaun in kochendem Wasser aufgelößt, und

in

in einen oder etliche Kübel durchgeseihet. Zu dieser Alaunauflösung wird nun so lange Uringeist geschüttet, bis alle Alaunerde daraus niedergeschlagen worden ist, und die ganze Vermischung den Sättigungspunkt durch einen bleibenden flüchtigen Geruch zu erkennen giebt.

Weil sich diese Erde ihrer Leichtigkeit wegen nicht freiwillig zu Boden setzt, so muß man diese Vermischung auf grose mit Tüchern belegte Filtrirkörbe ausschöpfen, welche man über saubere leere Wannen gesetzt hat, um darinn die ablaufende Lauge aufzufangen. Nachdem der Präcipitat, welcher aus Alaunerde bestehet, auf solche Art etliche Tage lang auf den Tüchern gestanden hat, und keine Lauge mehr abtriefet, so bringt man ihn wieder in verschiedene Tröge oder Kübel, übergießt ihn mit einer proportionirlichen Menge Wasser, zerrühret ihn mit hölzernen Instrumenten recht wohl darinnen, um die noch dabei befindliche Salzigkeit ins Wasser überzubringen, und schöpft ihn sogleich wieder auf die Tücher. Diese jetzt ablaufende Flüßigkeit, ob sie gleich weniger salzig, als die erstere ist, läßt man dennoch zu der ersteren laufen: zuletzt wann die Lauge abgelaufen, kann man auch in die Körbe über die breiigte Erde noch etlichemal reines Wasser gießen, und durchseihen lassen, bis man an dem ablaufenden Wasser keinen merklichen salzigten Geschmack mehr verspüret.

Soll diese Alaunerde zu verschiedenen Lackfarben benutzet werden, als wozu sie hauptsächlich geschickt ist, so muß sie aufs genaueste von aller Salzigkeit befreiet werden. Zu dem Ende muß sie dann noch einmal in die Kübel gebracht, und mit Wasser noch etlichemal ausgewaschen werden; alsdann bringt man diese Erde zum Trockenen, oder wendet sie gleich zu einer andern Bestimmung an.

Die sämmtliche erhaltene Salzlauge bestehet jetzt aus einer im Wasser verdünnten Vitriolsäure mit flüchtigem Alkali gesättigt. In selbiger löset man nun 8 Theile Kochsalz, nach dem beim Alaun angegebenen Verhältniß auf, und läßt die ganze Lauge zusammen bis zum Krystallisirpunkt abrauchen. Dann schöpfet man die Lauge auf die mit doppelt oder vielfach zusammengelegten wollenen Tüchern belegten Filtrirkörbe, die über saubere Kübel gesetzet worden sind, und sorget dafür, daß die Lauge vollkommen klar durchgeseihet werde. Nach etlichen Tagen wird darinn ein schönes Glaubersalz angeschossen seyn, wovon man die überbliebene Lauge wieder in die Kessel zurückbringt, bis zu einem neuen Krystallisirpunkt verdunsten läßt, und abermals zur Krystallisation hinstellt. Hierbei wird gemeiniglich Salmiak in federartigen Krystallen, auch wohl noch etwas Glaubersalz darunter angeschossen erhalten, welches letztere Salz man leicht davon aussondern kann. Der noch etwas vermischte Salmiak muß

durch

durch neue Auflösung und Anschießung nach und nach davon gänzlich gereiniget werden. Ueberhaupt ist es nothwendig, daß jede Sorte dieser Salze, Glaubersalz, Salmiak und vermischter Salmiak, jedes für sich allein in groser Menge durch eine nochmalige Auflösung, Filtrirung und Anschießung von allen fremdartigen Theilen bestens gereiniget werde.

Damit auch jeder Arbeiter sowohl, als Käufer, die erforderliche Güte dieser Produkte, wissen möge, so will ich ihre entscheidende Eigenschaften allhier noch kürzlich anführen.

Ein guter Salmiak muß 1) sich in Wasser ohne Rückstand vollkommen auflösen lassen, und dann

2) auf die Zumischung eines aufgelösten fixen Alkali nicht trübe werden, augenblicklich aber dabei einen flüchtig alkalischen Geruch spüren lassen.

3) Wenn ein Stückchen davon in einen glühenden Schmelztiegel geworfen wird, so muß solches ganz ohne Rückstand verrauchen. In einem verschlossenen Gefäß hingegen muß er sich ebenfalls ohne Rückstand sublimiren lassen, und dabei am ganzen Gewichte über den 16ten Theil nicht verlieren, der für verlorne Feuchtigkeit abgehet.

4) Er muß die Salpetersäure zur Auflösung des Goldes geschickt machen.

Ein gutes Glaubersalz muß außer der allgemein bekannten äußerlichen Bildung der Krystallen und seinem eigenthümlichen rein salzigen Geschmack, vollkommen klar und weiß an Farbe seyn, nächstdem sich durch folgende zwei Eigenschaften auszeichnen.

1) Die schönsten klaren Krystallen desselben müssen an der Wärme in wenigen Minuten auf der Oberfläche anfangen weiß zu werden, in etlichen Stunden aber ganz zu einem schneeweissen Pulver zerfallen.

2) Eine klare und starke Auflösung desselben in Wasser muß sich mit einer ebenfalls klaren Auflösung des fixen Alkali, ohne die geringste Trübung oder Aufbrausung vermischen lassen; auch muß auf die Zusetzung einer Säure keine dergleichen Erscheinung bemerket werden. Wiegleb.

XIII. Abschnitt.

Zubereitung des mineralischen Alkali.

Bei der im vorigen Abschnitt beschriebenen Methode der Salmiakbereitung fällt das Glaubersalz in so groser Menge ab, daß man ziemlich auf jede 100 Pfunde Salmiak 200 Pfunde Glaubersalz berechnen kann.

Man hat also Veranlassung genug auf eine verschiedene Anwendung desselben bedacht zu seyn. Das daraus zuziehende mineralische Alkali mag der erste Gegenstand seyn.

Zu diesem Endzweck löset man 50 Pfunde Glaubersalz und 25 Pfunde rohe Potasche zusammen in so wenig als möglich kochenden Wasser in einem zinnernen oder eisernen Kessel auf, und filtrirt die Lauge sogleich durch doppelt über einander geschlagene wollene Tücher, welche in einen grosen Filtrirkorb gelegt worden sind, in starke Töpfe, so groß als man sie haben kann. Dann bedeckt man solche mit Brettern, und läßt sie 6 bis 8 Tage lang stehen; nach deren Verfließung schüttet man die Lauge wieder zurück in den Kessel, und nimmt den in den Töpfen angeschossenen vitriolisirten Weinstein heraus, spült ihn etlichemal mit kaltem Wasser ab, und läßt ihn auf hölzernen Sieben oder Brettern die man vorher mit Papier belegt hat, abtrocknen.

Die in den Kessel zurückgegossene Lauge wird aufs neue bei gelindem Feuer so lange abgedunstet, bis sich auf der Oberfläche der Krystallisationspunkt durch ein zartes Häutchen zu erkennen giebt; da sie dann wieder in die Töpfe filtrirt, und darinn acht Tage lang bedeckt stehen gelassen wird. Nach dieser Zeit wird man ebenfalls vitriolisirten Weinstein darinn geschossen finden.

Mit der überbliebenen Lauge fährt man weiter auf eben diese Weise so lange fort, als noch vitriolisirter Weinstein daraus zum Vorschein kommt.

Sobald sich aber von diesem nichts mehr zeigt, bringt man die übrige klare Lauge, nachdem sie vorher wieder bis zum Krystallisationspunkt abgedunstet worden, in unterschiedenen Gefäßen an einen warmen Ort, im Winter in eingeheizte Zimmer, im Sommer aber auf die obersten Hausböden unter das Dach, und läßt sie allda wohl bedeckt eine geraume Zeitlang stehen, bis endlich in jedem Gefäß nur noch eine kleine Portion Flüßigkeit übrig ist, die man alsdann abgießet, und zu einer andern ähnlichen Arbeit wieder zusetzen kann. Das angeschossene Salz ist das mineralische Alkali, das man zu mehrerer Reinigkeit noch einmal in kochendem Wasser auflösen, filtriren und krystallisiren kann. Am Gewichte wird es ohngefehr 15 bis 16 Pfunde, der im Anfange sich krystallisirte vitriolisirte Weinstein hingegen ohngefehr 25 Pfunde betragen. Wigleb.

An=

Anhang
von
verschiedenen bewährten Mitteln
gegen
verschiedene Krankheiten und Zufälle.

I.

Die Gicht zu curiren.

Wenn man die Gicht, nachdem sie sich ein- oder mehrmal gemeldet hat, sicher vorbauen will: so ist es nöthig 1) die Vollblütigkeit zu vermindern; 2) die scharfe Gichtmaterie durch involvirende Mittel zu verbessern, und 3) hernach durch schweißtreibende Mittel auszuführen, 4) die reißende Schmerzen zu besänftigen, und endlich 5) die an den Gelenken zurückgebliebene dicke Materie, und daher entstandene Knoten zu erweichen und zu zertheilen. Man fängt die Vorbauungskur im Frühlinge mit einem reichlichen Aderlaß an; doch thut man solches nicht gern zu der Zeit, da der Schmerz heftig ist. Hingegen sind Schröpfköpfe auf den leidenden

Theil gesetzt, zu jeder Zeit ein vortrefliches Mittel, und vornemlich im Hüftweh unentbehrlich nöthig. Uebrigens muß die Vollblütigkeit durch mäßige Lebensordnung und gelinde Leibesbewegung hinreichend vermindert werden. Die Frühlingskur wird vorgenommen, es mag der Gichtschmerzen wirklich vorhanden, oder nur zu befürchten seyn. In den ersten 4 Wochen des Frühlings, ist nach der zweiten Indication die scharfe Gichtmaterie durch allerhand schleimige Mittel zu involviren. Hierzu kann man verschiedene Gummiarten, als: das Arabische, das Tragacanth in Wasser aufgelößt, insonderheit aber die Ptisanen erwählen.

Folgende Ptisane hat sich öfters durch ihre gute Würkung sehr angepriesen. Man läßt 6 Loth Gerste, 4 Loth Reiß, 2 Loth Sassaparill-Wurzel, 1 1/2 Quent Salpeter, mit fünfthalb Quart Wasser kochen, bis die Gerste sich geöffnet hat, seihet es durch ein leinenes Tuch, thut 4 Loth Honig, und 3 Loth Weineßig hinzu. Dergleichen Ptisanen müssen in Menge, des Tages wenigstens zwei Quart getrunken werden.

In den folgenden 4 Wochen wird in Ansehung der dritten Indication, um die Gichtmaterie durch den Schweiß auszuführen, früh im Bette, und Abends beim Schlafengehen eine Dosis Gichtpulver genommen, und des Vormittags um 10 Uhr, wie auch

Nach-

Nachmittags um 4 Uhr, jedesmal vier Tassen von dem schweißtreibenden Dekokt getrunken.

Das Gichtpulver wird folgendermaßen verfertiget. Man reibet vier Gran Großeisenhütlein Extract, (Extr. aconiti), mit ein Loth präparirte Austerschalen wohl unter einander, vermischt es gut, und theilt es in vier und zwanzig gleiche Theile. Ein solcher Theil ist eine Dosis, die auf einmal, aber ja nicht mehr, genommen werden darf.

Sollten indessen einige furchtsame sich dieses würksamen Mittels, daß das Eisenhütlein eine Art von Gift ist, zu bedienen Bedenken tragen, so können ihnen statt dessen die Kunkelischen Antimonial-Morsellen vorgeschlagen werden, wovon dann statt des Gichtpulvers früh Morgends und Abends eine Morselle zu gebrauchen ist.

Das schweißtreibende Dekokt wird folgendergestalt bereitet. Man kocht 6 Loth von der grosen Klettenwurzel, 4 Loth Arnica, 2 Loth Höllunderblüte, und ein Quentchen Salpeter, eine halbe Stunde lang in zwei Quart Wasser, und seihet es durch.

Um die vierte Indication, nemlich die Besänftigung des reisenden Schmerzens einigermaßen zu bewirken, kann man sich einer Mandelmilch, und äusserlich einiger andern

Mit-

Mittel bedienen. Die besänftigende Mittel können zu aller Zeit des Frühjahrs, wenn der Schmerz heftig wird, nebst den andern Arznenen gebraucht werden.

Aeußerlich kann die Gicht wann sie heftig ist, nichts vertragen. In diesem Fall ist der Wachstaffend, um das leidende Glied umwunden, das einzige Mittel. Ist die Gicht weniger heftig, so pflegen die Dampfbäder von gemeinem siedenden Wasser den Schmerz merklich zu lindern. Eben dergleichen besänftigende Würkungen, hat man sich auch von flanellenen Tüchern, die in ein Decolt von Käsepappelblumen eingetaucht, und um den leidenden Ort gewickelt worden zu versprechen. Diese äußerliche Mittel sind sicher und ohne Bedenken zu gebrauchen.

In den letzten drei oder vier Wochen muß nach der fünften Indication, die Erweichung und Zertheilung der dicken Materie in den Gelenken, und derer dadurch entstandenen Knoten befördert werden. Wenn aller vorher gegebene Rath genau befolgt worden, so ist kein Zweifel, daß die Heftigkeit der Gicht in der neunten Woche der Cur werde nachgegeben haben, und es sind nunmehr andere erweichende und zertheilende Mittel sicher zu gebrauchen. Hierher kann man vornehmlich die Seifenbäder rechnen, womit die Knoten fleißig und nachdrücklich einzureiben sind. Ferner Kräutersäckchen aus erweichenden

Kräu-

Kräutern, als: Steinklee, Wollkraut, gemeine Kamillen mit zertheilenden Kräutern, als: Majoran, Thymian, Quendel rc. vermengt, und in Milch gekocht. Jngleichen Umschläge von Brod, oder Semmelkrume und Milch; oder einem Brey von Gersten und Reiß mit Wasser, die man sehr lang hat kochen lassen. Endlich Regenwürm Oel mit Wachs-Oel vermischt, und tüchtig eingerieben. Während der Kur muß der Leib durch Klystire, oder durch Laxiertränke aus einer Unze Tamarindenmark, einem halben Quentchen Salpeter; anderthalb Unzen Manna; und vier Unzen gemeinem Wasser eine Viertelstunde gekocht und immer offen gehalten werden.

Folgende sind noch bewährte und sichere Mittel wieder die Gicht.

1. Man hackt ordinären weißen Kohl etwas klein, kocht ihn in Milch oder Wasser, macht davon einen Umschlag auf den schmerzhaften Theil, so warm als man es leiden kann; und wiederhohle dieses so lange, bis man Linderung spüret. Man hüte sich aber nach dieser Kur so viel möglich vor Verkältung. Eben ein so sicheres Mittel liefert die klein geschnittene, mit einem Hammer gequetschte, und zwei Stunden lang in weißem Weinhefen gekochte Attichwurz, worein man, wenn es erkaltet ist, leinene Lappen tunken, und

hernach den schmerzhaften Theil umwickeln kann. Dieses wiederhohle man alle Morgend und Abend.

Das in Amerika berühmte Mittel wieder die Gicht, wovon das Recept in England mit hundert Pfund Sterling bezahlt worden, ist folgendes. Man quetscht zwei Knoblauchsköpfe und ein Quentchen Ammoniak durch einander, und macht mit gemeinem Wasser zwei oder drei Kugeln daraus, wovon man eine des Abends, und die andere des Morgends hinunterschluckt. Hierbei muß man Sassafraßthee trinken, der so stark ist, daß man die Theekanne oder den Topf von den Stücken dieses Holzes anfüllet. Es wird versichert, daß dieses Mittel in kurzer Zeit nicht nur die Gicht, sondern auch die Zusammenziehung der Gelenke vertreibe.

Der gemeine Mann hat eine sympathetische Heilungsart der Gicht: Man streicht Erde mit dem von der Gicht behafteten Gliede in ein Gefäß, und drückt solche ein, und in diese Erde pflanzt man eine Rübe; da man dann glaubt, der Schmerz verliere sich, so bald die Erde anfängt Blätter zu treiben. Von Schütz Auszug aus Krünitz Oecon. Techn. Encyclopädie Vter Theil.

2. Die

2.

Die fallende Sucht zu kuriren.

Man nimmt die Galle von einem frisch geschlachteten Ochsen oder Kuhe, leeret solche aus der Gallenblase in ein Gefäß aus, welches man mit derselben in gelinde Wärme, oder in eine Aschenkapelle stellt, und also die wässerigten Theile nach und nach wegdünsten läßt, bis die Galle ganz hart und trocken wird. Diese getrocknete Galle hebt man auf, sie nach Bedürfniß zu gebrauchen.

Diese also getrocknete Ochsengalle, wird also gegen die fallende Sucht gebrauchet. Ein erwachsener nimmt hievon 1 Quentchen, oder so viel, als eine große Haselnuß, in einer Unze, oder auch einer halben Kanne Franzwein des Morgends in den nüchtern Magen, und eben so viel des Abends. Kindern giebt man nach dem Maaße ihres Alters weniger. Sollte sich die Krankheit nicht bald darauf geben, und bemerkt man nicht, daß die Arzney so viel Oeffnung macht, so kann man auch wohl Nachmittags davon einnehmen; also den Tag 3mal, doch ist dieses selten nöthig. Der Gebrauch dieses Mittels kuriret schon oft diese Krankheit innerhalb 1 bis 3 Wochen. Siehe die Abhandlungen der schwedischen

dischen Akad. der Wissenschaften XXVIIter Band.

Ein anderes bewährtes Mittel gegen diese Krankheit, ist folgendes:

Die gepülverte Würzel von dem großen wilden Baldrian, ist als ein gutes Mittel gegen die fallende Sucht bewähet befunden. Man muß sie aus der Erde ziehen, ehe sie anfängt ihren Stengel zu zeigen, das ist im Merzmonate, und nachdem man die Wurzel hat trocknen lassen, so pulverisirt man sie, und giebt dem Kranken davon einen halben Löffel in Wein, Wasser, Milch oder einer andern Flüßigkeit ein. Es ist gut den Kranken durch einige Purganzen oder andere dergleichen Zubereitungen dazu anzuschicken. Der Kranke geneset, wenn er einigemal von diesem Pulver genommen, und giebt gemeiniglich viele dicke Würmer von sich. Anmerkungen über die Naturlehre aus den Englischen Transactionen und den Gedenkschriften der Königlichen Akademie der Wissenschaften gesammlet.

3.

Vom Nutzen und Gebrauch des Cajoputöls in der Medicin.

Cajopüti wird ein in Ostindien wachsender Baum genannt, von welchem man ein feines destillirtes Oel erhält. Der Baum ist mit einer weißen Rinde, wie unsere gemeine Birken bekleidet. Die Botanisten nennen diesen Baum Melaleuca, leucadendra, und er wächset auf den Moluckischen Inseln wild. Die Blätter sind es, woraus das feine und vortrefliche Oel destilliret wird. Wenn das Oel ächt, und nicht mit einem Spiritus verfälscht ist, so siehet es grasgrün aus, ist dünn, wie ein Spiritus, und ist so fein und rein, daß es gar keine Rückbleibsel nachläßt, wenn es angezündet, oder zum Abdampfen hingestellt wird. Da es also gar nichts wässerigtes enthält, so kommt es dem reineren Spiritus am nächsten. Es riechet wie Kampfer, welcher mit Terpentin vermischt ist. Wenn der Geruch häufig und stark ist, so ist er anfangs nicht angenehm, in kleiner Quantität, oder umhergesprützt, wird er ganz lieblich. Im großen wird das Oel auf der Insel Bande destilliret, auf Bouteillen gezapft, und von da nach Batavia und Holland geführet.

Dieses Oel ist äuserlich zu Salben fürtreflich, in Frostbeulen, Rheumatischen Schmerzen,

zen, Zahnschmerzen, Entzündungen, besonders solche, welche von Gicht verursachet werden. Selbst die hartnäckigsten Augenentzündungen aus dieser Ursache, haben sich bloß auf die Dämpfe dieses flüchtigen Oels gelegt, oder sind vorgebauet worden. Bey Gicht und Podagra äußerlich als Salbe gebraucht, lindert und hebt die Schmerzen; ohne die Materie zurück zu treiben.

Die Flechten ertragen dieses Oel nicht, sondern verschwinden davon. Das Kopfweh wird davon geheilet, wenn es unter die Nase gehalten und in die Schläfe gestrichen wird, oder schafft doch wenigstens einige Linderung.

Keine Insekten können das Cajoputöl vertragen; es ist insbesondere ein gutes Verwahrungsmittel gegen die Motten der Kleider. Schwedische Academie der Wissenschaften 3ter neuer Band vom Jahr 1782.

4.

Vom Gebrauch und der Wirkung des wilden Rosmarins (ledum palustre) wieder die Dysenterie.

Gegen die Dysenterie oder rothe Ruhr ist sehr dienlich das Dekokt vom wilden Roßmarin (Ledum palustre,) täglich öfters getruntrunken, so heilet es die Dysenterie in 3 bis 4 Tagen.

Das Dekokt wird bereitet von den Blättern und kleinen Zweigen, oder von der etwas kleingehackten Pflanze, welches man zuweilen längere, zuweilen kürzere Zeit hat kochen lassen. Gemeiniglich hat man das Wasser damit aufkochen lassen, und sodann zum ferneren Ausziehen hingesetzt, da man es dann zuerst warm, nachher aber verschlagen, oder kalt, jedesmal zu ein paar Theeschalen 6 bis 7mal des Tages getrunken hat, so lange die Krankheit gedauret hat, oder länger. Schwedische Academie der Wissenschaften 3ter neuer Band für das Jahr 1782.

5.

Mittel gegen die Augenkrankheiten.

1) Die Augen gut zu erhalten, wasche man dieselbe nebst ihren Vertiefungen an der Nase, mit Speichel von Fenchel, welchen man einige Stunden vorher wohl gekauet und niedergeschluckt hat. Diesen Speichel läßt man eine viertel Stunde eintrocknen, und wischt ihn sodann mit Rosenwasser von weißen Rosen ohne Salz abgezogen wieder ab. Oder man wasche des Morgens bey dem Aufstehen die Augen mit frischem Wasser, oder Wein, oder aber in Rosenwasser zer-

gangenen Kämpfer, oder auch mit Kampfer-spiritus aus.

2) Wieder die blöden Augen, streiche man Ohrenschmalz in die Winkel derselben, oder man kochet Zuckerkand und Leberaloe von jedem ein Queutchen, in 6 bis 8 Unzen Brunnenwasser bis zur Hälfte ein, und wäschet die Augen damit.

3) Die Augen lauter und klar zu machen, trinke man Melissenwein, und wasche die Augen mit Poleywasser.

4) Wasser für dunkele Augen. Man stößet Schöllwurz, wenn sie blühet klein, und kochet sie mit Wasser in einem verdeckten Geschirre, seihet es durch ein Tuch und gebrauchet es zum waschen der Augen.

5) Augen vor den Triefen zu bewahren. Man destilliret Pappelblätter in Wein, und wäschet mit dem Wasser, welches übergangen, die Augen des Morgens und Abends.

6) Für Augen darinnen Blut und Flecken sich zeigen. Man leget eine frische warme Kalbs oder Schöpslunge oder warmes Kalbfleisch auf. Oder tröpfelt Blut von jungen Tauben darauf. Oder leget Wermuth mit Milch über Hühner oder Karpfengalle in die Augen gethan ist auch gut.

7) Wie-

7) Wieder ein blaues Mal des Auges. wäsche man das Auge mit Wasser von Körbelkraute und Kornblumen, lässet auch einige Tropfen davon ins Auge fallen, und leget es mit Kompressen darüber. Die zerstoßene Spitzen von Isop in Wasser gekocht, und das Auge warm damit gewaschen, zertheilet das ausgetretene Geblüt wovon das Maal entstanden, noch besser.

8) Blutflecken vom Flüssen zu vertreiben, stößet man die Obersten Spitzen von Wermuth vermischt sie mit Eyerweiß und Rosenwasser, machet eine Salbe daraus, leget solche allemal des Abends auf, und nimmt sie des Morgends wieder ab.

9) Für Entzündung und Hitze der Augen. Man machet einen Umschlag von süßen Aepfeln die in heißer Asche gebraten worden, Gerstenmeel, Weibermilch, Rosenwasser und Eyerweiß. Auch ist das Ringelblumenwasser dienlich; wie nicht weniger das Wegwarts und Kornblumenwasser, oder Eyweiß in Froschleichwasser zerschlagen, sehr heilsam ist. Ist das Auge roth und geschwollen, so kann ein Schnittchen rohes Kalb oder Ochsenfleisch, bei dem Schlafengehen auf das Auge gelegt, die Röthe und Hitze der Augen vertreiben.

Noch ein gutes Mittel gegen die Entzündung der Augen ist. Wenn man ein

Ey hart kochet, die Schaale davon nimmt, wenn es noch ganz warm ist, es hernach von einander schneidet, den Dotter herausnimmt, und an dessen Statt Zuckerkand hinein thut. Worauf man die zwei Stücke wieder zusammen bindet; nach diesem Bleizucker in Rosenwasser zergehen läßt, das Ey 24 Stunden darein legt, und mit diesem Wasser die Augen wäscht.

10) Gegen die Augenfelle, wird ein sehr gutes Wasser aus weißem Vitriol, Zuckerkand und Eyweiß gemacht, welches letztere hart gesotten und aus allem ein Saft gedruckt werden muß.

11) Für die Flecken im Auge. Man thut graue Schnecken, die sich in den Gärten oder Weinbergen befinden, in einen neuen Topf, und läßt sie in einem nicht gar heisen Ofen trocknen; macht sie hernach nebst ihren Schaalen zu Pulver; und bläset dieses auf die Flecken, so oft als es möglich seyn will.

Sonst ist die Augensalbe vom Blute der Hähne, welches mit Honig vermischt ist, auch wieder die Flecken der Augen dienlich.

12) Wieder die Geschwüre der Augen, kann man Thiergalle, mit Augentrost: Rauten- oder Ringelblumenwasser vermischen und solche

solche auflegen. Die von Fischen ist ziemlich gelinde; die von vierfüßigen Thieren ist beißender, und die von Vögeln, ist noch schärfer.

13) Für die Geschwulst der Augen, läßt man ein frisches Ey auf glühenden Kohlen sieden, und legt das Weiße davon vor dem Schlafengehen warm auf die Augen, bis das Uebel gehoben ist. Oder man kochet zerstoßene Lorbeeren mit Wein und legt sie aufs Auge.

14) Wieder die Röthe und Schwären der Augen, mischet man zugerichteten und gepulverten Galmey unter zerlassenes Rindermark, und schmieret dies zu Nacht über die Augenlieder. Oder man tröpfele Erdbeerwasser in die Augen.

15) Gegen thränende und feuchte Augen. Man wasche die Augen oft mit abgekochten Körbelwasser; oder tröpfele Rautensaft mit wohlgeschäumten Honig vermischt, in die Augen.

16) Für braune und blau geschlagene und gestoßene Augen, kochet man Salz, Honig, und rothen Wein eine halbe Stunde lang, und benetzt die Augen mit diesem Liquor. Oder man leget einen Umschlag von weißer Brodkrume, Eppichsaft, und weißem Weine auf die Augen.

17) Wenn etwas ins Auge gefallen, so thue man einen kleinen Krebsstein ins Auge, schliesse dasselbe zu, drehe und bewege es, daß der Stein herumgehe, so nimmt man mit dem Steine das Unreine in dem Auge mit heraus. Leichte Sachen ziehet man mit einer stark geriebenen Stange Lack; und Eisentheile mit einem Magneten aus dem offenen Auge heraus.

18) Wieder fressende Dinge, als Kalk, Scheidewasser ꝛc. löse man Bleisalz in Rosenwasser auf, und schlage Läppchen die hineingetunkt worden, auf die Augen. Man lösche den eingefallenen Kalk aber nicht mit Wasser, sondern mit eingetröpfeltem Baumöle.

19) Wieder Augenschmerzen und ein geschwächtes Gesicht. Man vermischet präparirte Tutia und Leberaloe, von jedem drei Quentchen, Zuckerkand zwei Quentchen, weißen Wein und Rosenwasser von jedem fünf Unzen; setzet dieses Gemische in einer gläsernen Flasche einen Monat lang an die Sonne und bestreichet damit die Augen, tröpfelt auch etwas hinein. Oder man binde zerstoßene Schöllkrautwurzel mit Sauerteich vermischt, in das Genick, auf die Fußsohlen aber die zerstoßene Wurzel zusammt den Blättern.

20) Mittel für verlohrenes Gesicht. Man vermischt 2/3 Wasser und 1/3 Essig mit Bohnenmeel, und schlägt den Brey davon mit etwas Werg warm auf die Stirn.

21) Die himmlische Augensalbe, welche wieder alle Gebrechen der Augen dienlich ist, zu machen. Man löschet Kalk in Wasser, seihet ein Pfund dieses Wassers durch, gießet es in ein kupfernes Becken, thut ein Quentchen Salmiak recht fein gepulvert dazu, lässet es die Nacht über weichen, und verwahret das daraus abgeseihete blaue Wasser in einer wohlverstopften Flasche. Von diesem blauen Wasser tröpfelt man in die beschädigte Augen.

22) Das beste Augenmittel aber ist, der sogenannte göttliche Stein, welcher also gemacht wird: Man pulveristret cyperischen Vitriol, Salpeter, und Bergalaun, von jedem 4 Unzen, thut es in einen neu verglasurten Topf, und lässet es anfänglich bei gelindem Feuer, hernach aber bei stärkerem in heißem Wasser schmelzen. Sodann wirft man ein Quentchen gepülverten Kampfer hinein, und rühret es wohl durch einander; deckt sodann den Topf zu, verkleistert die Oeffnungen recht dichte, läßt alles recht erkalten, schläget endlich den Topf entzwei, und verwahret den darinn enthaltenen Stein in wohl verstopften gläsernen Flaschen. Ein Quentchen dieses Steins gepülvert in einem halben Nös-

sel Brunnenwasser aufgelöset, und lauliсht in die Augen getröpfelt, macht ein helles Gesicht, stärket und reiniget die Augen, und benimmt die Hitze und Röthe u. d. gl. Dieser herrliche Stein ist überhaupt von erstaunlicher Wirkung und allen Augenmitteln vorzuziehen. Von Schütz Auszug aus Krünitz Encyclopädie 1ter Theil.

6.

Mittel gegen den tollen Hundsbiß.

Hierbei muß man erstlich um zu einer gründlichen Kur zu gelangen, den in der Wunde vom Biß zurückgebliebenen Speichel herauszuziehen suchen; hierzu empfehlen die alten die Schröpköpfe, und beförderen das durch einen reichlichen Abfluß des Bluts. Allein dieses kann uns nicht völlig von der Wegschaffung des Speichels versicheren. Für eben so unsicher und unzulänglich, dabei aber auch zugleich für höchst gefährlich, ist das Aussaugen der Wunde zu halten. Ein weit gewisserer Weg, den giftigen Speichel heraus zu bringen, scheint dieser zu seyn, wenn man die Wunde größer macht, entweder durch Erweiterung, oder durch Hinwegnehmung desjenigen Theils, welcher gebissen worden ist.

Indessen läßt Herr Generalchirurgus Schmukker die Scarification in ihrem Werth, und erregt durch das Pulver von spanischen Fliegen ein Geschwür und eine Eiterung, wodurch er seine Kranke jederzeit ohne weitere Zufälle gerettet hat. Er läßt die blutende Wunde vermittelst eines Schwammes mit warmen Wasser auswaschen, tiefe Einschnitte in und um dieselbe machen; sie eine halbe Stunde lang unter beständigem Auswaschen bluten, in die Einschnitte ein wenig spanisches Fliegenpulver reiben, und auf die ganze Wunde ein spanisches Fliegenpflaster legen. Nach einer acht Tage lang täglich erneuerter Reitzung, läßt er die entstandene Wunde mit Königssalbe, die mit Cantharidenpulver versetzt ist, verbinden. Das Brennen des Urins, und der Blutharn welcher etwa von den spanischen Fliegen verursachet werden möchte, wird gelindert, durch einige Tassen voll mit Fliederblumen gekochte Milch, die man täglich nebst einem Pulver von zwei Quent Salpeter, und acht Gran Kampfer, welches man in 4 Doses zertheilt, nimmt; man muß dabei Suppen von Reiß und Graupenschleim, und Speisen aus dem Gewächsreiche nehmen. Nach vier Wochen wird der geheilte mit versüßtem Quecksilber und präparirten Jalappenharz gereiniget.

Die Ausführung des Giftes durch eine lange Suppuration, ist wirklich am leichtesten, und sicherer, als durch die sogenannten

ten

ten specifischen Mittel, deren weiter unten Erwähnung geschehen wird, zu bewirken.

Eller ließ die scarificirte Wunde mit Wasser, Essig und Küchensalz auswaschen brennen, und mit Königssalbe (ungu. basilic) und rothem Präcipitat eine Zeitlang suppuriren. Einige englische Aerzte rathen, daß man die Wunde mit einem Gemische von Salz und Weinessig abreibe. In gleicher Absicht der Schärfe und Fäulniß zu wiederstehen, ist auch der Salzspiritus mit Nutzen gebrauchet worden.

Andere rathen die Wunde mit einer Lauge von Eichenasche und Urin, zu waschen. Oder man läßt auch die verwundete Theile nur sogleich mit frischem Wasser, oder blosem Urin zu wiederhohltenmalen auswaschen. Hunde und anderes Vieh kann man da der Ort der Wunde nicht allemal deutlich zu bemerken ist, ganz überher waschen.

Erweichende Umschläge von Brod und Milch, sowohl allein als mit Opiaten, z. B. Theriak, oder blosen Opium, legt man auf die Wunden, um den Schmerz zu lindern, den Reiz zu mindern, und die Fieber zu relaxiren.

Mit gutem Erfolge hat man den Aderlaß bis zur Ohnmacht, besonders bei sanguinischen Körpern gebraucht. Diesen hat man, sowohl

sowohl als ein Vorbauungsmittel, als auch wenn die Krankheit schon überhand genommen, angewandt. Und doch mißbilligen einige den Aderlaß, bei dem Anfange der Krankheit, weil dadurch das Gift aus den äußeren Theilen in die innere gebracht werden, und mit dem Blute durch den ganzen Körper gehen möchte.

Boerhave verordnet das kalte Baden, oder das gießen kalten Wassers auf den Patienten, und zwar so lange, bis die Furcht vor dem Wasser vergehet. Tissot hingegen räth ein laulichtes Bad an.

Das von Desault erfundene Einreiben des Quecksilbers, um den übeln Folgen des tollen Hundsbisses zuvor zu kommen, ist von allen guten Folgen begleitet worden und seit der Zeit haben wiederhohlte Kuren in Europa sowohl, als auch in Asien den Nutzen davon bestättiget. Es werden nemlich nach seiner Vorschrift ein oder zwei Quent einer Salbe, die aus Quecksilber, welches aus Zinnober wieder hergestellt worden, einem Drittel Menschenfett, und eben so viel Schweineschmeer bestehet, in die Wunde und alle nahe liegende Theile eingerieben.

Dieses Einreiben wird anfänglich einen Tag um den andern, nach dem drittenmal aber nur alle drei, und nach dem sechstenmal alle vier Tage wiederhohlet, bis zwei oder drei Unzen dieser Salbe verbrauchet sind; allezeit in verhältnißmäßiger Quantität, mit der Stärke, dem Alter, der Leibeskonstitution, und dem Geschlecht des Kranken, und der Beschaffenheit des Bisses. Suchet der Kranke erst viele Tage nach dem Biß Hülfe, so muß man das Einreiben vier oder fünf Tage nach einander täglich wiederhohlen. Desault setzt mit sehr einleuchtetem Beweiß hinzu, daß wenn das Quecksilber einen leichteren Speichelfluß veranlassen sollte, dieses nothwendig von gutem Erfolge seyn müßte. In den Speisen des Kranken wird keine Veränderung, sondern nur bloß die Vermeidung des Ueberflusses verordnet; dabei wird der mäßige Gebrauch des Weins verstattet, und sehr darauf gedrungen, daß man den Kranken beständig mit angenehmer Gesellschaft unterhalten soll, welche sorgfältig das Gespräch von dem Zustande des Kranken vermeiden muß. Wenn dieses Quecksilbereinreiben geendiget ist, muß ein Purgiermittel angewandt werden, um das Quecksilber wieder abzuführen, und der Patient muß ungefehr drei oder vier Wochen darnach, wenn er sich wieder erhohlet hat, kalte Bäder gebrauchen. Wenn die Wasserscheu schon dabei ist, wird ein reichlicher Aderlaß und das Einreiben der Salbe auf den unter den Armen und in den Weichen befindlichen Drüsen, und auf allen Gliedmaßen empfohlen.

Nach dem Zeugniß des Professors Junkers in Halle, ist kein Mittel zuverläßiger, als die gedorrete Leber, das Herz, und das Gehirn entweder desjenigen Hundes, von welchem man beschädiget worden ist, oder auch eines andern tollen Hundes; ja sogar eines von Hunden gejagten, und endlich getödteten Wolfes.

Ist dieses Pulver gehörig zubereitet, und dadurch von Würmern gesichert worden, so bleibt es zwanzig und mehrere Jahre brauchbar. Es werden nach befinden 3 oder 4 Dosis in einigen Stunden nach einander eingenommen, und der Kranke bleibt dabei im Bette liegen. Die Wirkung bestehet gemeiniglich in einer starken Ausdünstung, und in einem Ausfluß böser Materie aus den Wunden mehrere Nachricht davon findet man in Junkers Conspectu therapiae specialis Tab. CXXIV. N. 7.

In N. 10. des Leipziger Intelligenzblattes vom Jahr 1763. befindet sich die Anmerkung. „Noch vor Kurzem habe ich mit dem „Vorrathe, den ich von diesem Pulver aus „der Hallischen Waisenhausapotheke besitze, und welcher schon 16 Jahr alt ist, „einige Personen Männ- und Weiblichen „Geschlechts, bei denen zum Theil die Vorboten einer nahen Wuth schon da waren, „durch göttlichen Beistand wieder hergestellt."

Bayard sagt: Man hat bei der Behandlung dieser Krankheit, nur eine Hauptregel zu beobachten; nemlich in Ansehung des Gebrauches der Quecksilbersalbe, die man nie ohne Gefahr entbehren kann, alle übrige Vorschriften, in Absicht auf Abführungen, inn- und äußerlicher Mittel, müssen nach der Periode der Krankheit, nach dem Alter und der körperlichen Beschaffenheit des Patienten verschiedentlich eingerichtet werden. Diejenigen, welche nicht gleich Hülfe bei der Hand haben, müssen folgende besondere Vorschrift beobachten. Der gebissene Theil muß sogleich von dem Speichel des tollen Hundes gereiniget, die Wunde zum bluten gebracht, und das Blut sorgfältig ausgewischet werden. Alsdann wird ein halb Quent von der sogenannten stärkeren blauen Salbe, (welche aus zwei Pfund gereinigten Schweinefett, ein Pfund, mit einem halben Unze einfachen Schwefelbalsam getödtetes Quecksilber) eingerieben, und dieses Morgends und Abends in einer geringeren oder stärkeren Dosis, nachdem es die Nothwendigkeit erfordert, wiederhohlet. Vollblütigen Körpern ist der Aderlaß nöthig. Bei aufgedunsenen, schlaffen, und cholerischen Körpern gebraucht man Brechmittel von Ipekakuanhawein u. d. gl. Wenn der Patient Flüßigkeiten mit Beschwerde hinunter schluckt, giebt man das Brechmittel in trockener Gestalt. Darauf kann man Meads Pulver wieder den tollen Hundsbiß alle Morgen in warmer Milch geben, wäh-

während daß man mit dem Einreiben des Quecksilbers fortfähret. Wenn dieses den Speichelfluß erreget, giebt man ein erweichendes Klystier, oder Laxiermittel von Manna, Rhabarber, und einem kühlenden Salz. Wenn die Quecksilbersalbe vier bis fünf Tage gebraucht; und der Patient mit einer der erwähnten Arzeneien purgiret worden ist, welches auch durch präparirtes versüßtes Quecksilber, das ebenfalls mit Rhabarber versetzt ist, geschehen kann: so wird es dienlich seyn den Zinnober entweder mit, oder ohne Bisam, nachdem der Geruch dem Kranken entweder angenehm, oder unangenehm ist, zu geben. Dies Zinnober- oder Rutländisches Pulver wird also bereitet: Man nehme natürlichen, und durch die Kunst zubereiteten Zinnober, von jedem 24 Gran; und Bisam 16 Gran; stoße es zu Pulver, und mische es wohl unter einander. Dieses Pulver soll die Person, welche gebissen worden, sobald als möglich, in einer Theetasse mit Arrack, oder Brandewein nehmen. Wenn sich noch keine Zufälle äußern; so behauptet man, daß diese Dosis den Patienten auf dreisig Tage sicher stelle. Ist aber der geringste Zufall da, so soll die Dosis drei Stunden darnach abermal gegeben werden. Die Zinnoberpulver, müssen alle fünf oder sechs Stunden mit einem Julep von Rautenwasser, Polenwasser, Bibergeiltinctur, und einem gemeinen Syrup, oder in einem Glase mit Arak allein, oder mit Wasser dem Patienten gegeben werden.

Solche Kranken, die man dahin bringen kann, daß sie willig und von selbst das kalte Bad gebrauchen, können ihre Kur dadurch beendigen; nur muß hierbei alle Gewaltsamkeit vermieden werden. Die bei dieser Kur erforderliche Diät ist die nämliche, wie bei einem hitzigen Fieber; doch ist ein mäßiger Gebrauch des Weins erlaubt, so lange die Krankheit noch nicht einen hohen Grad erreicht hat. Wenn aber die Krankheit überhand genommen hat, und die Wasserscheu ausgebrochen ist, muß die wirkliche Kur in häufiger und wiederhohlter Aderlaß, und in öfteren kühlenden Klystieren, aus Gerstenwasser, Salpeter, Honig und Weinessig bestehen. Nach diesen Ausleerungen muß man bei einem häufigen Zufluß von Speichel, Blasenpflaster in den Nacken legen, um dadurch einen Theil der Absonderung abzuleiten. Diejenige Arznei aber, worauf man sich am gewissesten verlassen kann, ist die Quecksilbersalbe, welche täglich dreimal eingerieben, und womit so lange continuiret werden muß, bis die Zufälle abnehmen, und die Absonderung durch die Drüsen des Mundes zeigt, daß es Zeit sei die Quantität der Salbe zu verminderen.

Herrn Tissot Heilungsart ist folgende: Man muß das Gift zerstören, und diese Würkung thut das Quecksilber; es ist dessen Gegengift. Das Gift verursachet eine allgemeine Reizung der Nerven; diese besänftiget man durch krampfstillende Arzeneien; mithin leisten

sten das Quecksilber, und die krampfstillende Arzeneien alles, was in dieser Krankheit zu thun ist. Man hat wirklich mehrere Beispiele von Leuten, die offenbar toll gewesen, und durch diese vortrefliche Heilungsmittel genesen sind; und diejenige, welche das Unglück haben gebissen zu werden, können sich darauf verlassen, daß sie, wenn sie die erforderliche Vorsichtigkeit anwenden, gegen diese Krankheit völlig gesichert sind. Auch sogar diejenigen, bei welchen sich die Tollheit schon geoffenbaret hat, müssen eben diese Hülfsmittel gebrauchen, und zwar mit einem Zutrauen, welcher der grosen Anzahl der durch sie bewirkten Genesungen, gemäß ist.

Wenn der Biß in das Fleisch gekommen ist, und man es ohne Gefahr thun kann, muß man sogleich alles das, was von dem Bisse berühret ist, wegschneiden.

Man muß die Wunde lange Zeit mit laulichem, etwas wenig gesalzenem Wasser waschen. Hernach deren Ränder, und die um sie herumliegende Theile auf zwei Zoll im Umkreise mit einem Quent von folgender Salbe schmieren. (Zu dieser Salbe nimmt man wohlgeläutertes Quecksilber, eine Unze; venetianischen Terpentin, ein halb Quent; frisches Schweineschmalz drei Unzen; dieses alles machet man zu einer Salbe.) die Wunde wird täglich zweimal mit einer sehr gelinden Salbe, dergleichen die Königssalbe ist, verbunden, um eine Eiterung zu beförderen; obige Salbe gebrauchet man täglich nur einmal.

In Ansehung der Lebensordnung, muß man die Quantität der Speisen; und vornemlich des Fleisches vermeiden, sich des Weins, des Brandeweins, der Gewürze, und aller hitzigen Sachen enthalten, nichts anders, als Gerstenptisane, und Lindenblüththee trinken; durch erweichende Nahrungsmittel oder Klystiere den Leib offen erhalten, und täglich ein laulichtes Fußbad nehmen. Alle drei Tage kann man eine Dosis des oben beschriebenen Zinnober = oder Rutländischen Pulvers nehmen. Oder anstatt des Rutländischen Pulvers, kann man das nachstehende weit wolfeilere, und doch fast wirksamere Mittel gebrauchen: Bolus A virginischen Schlangenwurzel ein Quent; Kampfer 10 Gran; Teufelsdreck eben so viel; Opium ein Gran; Fliedersaft, so viel nöthig ist, einen Bolus zu machen.

Oder man kann auch die Werelhofische Pillen gebrauchen. Der königl. großbrittannische Leibart, Herr D. Werlhoff verordnet in dieser Krankheit sieben Pillen, welche aus sechs Gran Kampfer, anderthalb Gran versüßten Quecksilber = Sublimat, und einen Gran spanische Fliegen, mit dem Schleime von Gummi Tragant gemacht werden. Die Dosis vor das große Vieh ist 30 Pillen, welche des Abends nach dem letzten Futter gegeben werden.

Die

Die Dosis aber vor das kleine Vieh, und vor den Menschen, sind sieben Pillen.

Wenn das Uebel sich schon offenbar zeiget, und der Kranke korpulent, und vollblütig ist, muß man 1) einen reichlichen Aderlaß anstellen, und solchen nach Beschaffenheit der Umstände, zwei drei oder viermal wiederhohlen lassen; 2) den Kranken in ein lauliches Bad setzen, wenn es ihn hineinzubringen möglich ist, und solches täglich ein, auch wohl zweimal wiederhohlen; 3) ihm täglich zwei bis drei erweichende Klystiere beibringen. Zu diesem Klystiere zerhackt man zwei Hände voll Kräuter und Blumen von Käsepappeln, gießet einen Schoppen siedendes Wasser darüber, läßt das ausgegossene Wasser durch ein leinenes Tuch laufen, und mischet zu dem durchgeseiheten eine Unze Honig, 4) täglich zweimal die wieder aufgebrochene Wunde und ihre umliegende Theile mit obiger Salbe, welche aus Quecksilber, venetianischen Terpentin und Schweineschmalz bestehet, schmieren, und 5) das ganze gebissene Glied mit Oel schmieren, und mit einem mit Oel getränkten wollenen Lappen umwickelen, 6) alle drei Stunden eine Dosis vom Rutländischen Pulver mit einigen Tassen Linden- oder Fliederblütenthee eingeben, oder statt dessen, die oben beschriebene Werlhoffischen Pillen; 7) Alle Abend oben beschriebenen Bolus A gebrauchen, auch wenn der Kranke nicht ruhig ist, des Morgends wiederhohlen, und darauf den gedachten Thee nachtrinken lassen; 8) wenn starkes Anstoßen zum Erbrechen, Ueblichkeit, und Bitterkeit im Munde vorhanden sind, giebt man 35. und bey sehr starken Naturen 45 bis 50 Gran Ipekakuanha, welches viel Schleim und Galle ausleeret; 9) zur Nahrung kann man dem Patienten Brodsuppen, leichte Fleischbrühen, Mehlsuppen, oder Milch geben. Sollte der Kranke noch lange schwach und schüchtern bleiben; so nimmt man von der besten Chinarinde, zu Pulver gestoßen eine Unze, theilet sie in acht gleiche Theile, und giebt ihm täglich dreimal eine Dosis davon. Es ist nun noch einiger specifischen Mittel zu gedenken, welche man für so zuverläßig wirksam gehalten, daß man sie in öffentlichen landesherrlichen Verordnungen bekannt gemacht und empfohlen hat.

Das Gauchheil mit den purpurrothen Blumen ist gewiß eines der wirksamsten Mittel.

In den Hannöverischen gelehrten Anzeigen wird empfohlen, gleich nach geschehenem Bisse einen Hering von einander zu reißen, die inwendige Seite auf die Wunde zu legen, so daß diese völlig davon bedeckt werde, und zugleich dem verwundeten Menschen ungefehr einen Dukaten schwer Ruß aus dem Schornsteine einzugeben. Dieses wiederhohlet man im Anfang etwa alle vier oder fünf Stunden, nachher aber seltener. Die Wirksamkeit

keit dieses Mittels hat sich durch häufige Erfahrungen bestättiget, und es verdienet dasselbe mit Recht dem gesammten Landvolk bekannt gemacht zu werden.

Nach dem Berichte des Herrn von Sydol in Stolzenfelde bei Soldin, ist in einer Gegend von sechs Meilen im Umkreise in der Neumark seit mehr als zehn Jahren, das in allen Apothecken bekannte Kraut Waldmeister (Matrisilva;) wieder den tollen Hundsbiß ohne Ausnahme bewähret gefunden worden. Sehr viele Personen, die von wüthenden Hunden erschrecklich zugerichtet worden, haben nicht den geringsten Schaden davon gehabt, und mehr als hundert Stück Vieh von allerlei Gattungen, sind dadurch vor der Tollheit bewahret worden. Ja man hat mit Schweinen und Hunden die Probe gemacht, und nicht allen gedachtes Kraut eingeben. Diejenige, die es bekommen haben, sind gesund geblieben, die es aber nicht eingenommen, sind ohnfehlbar toll geworden. Man hat das Kraut bald grün, bald trocken in Milch oder auf Butterbrod den gebissenen eingegeben, und bei Menschen den Gebrauch des Thees von diesem Kraute damit verbunden.

Ein gleiches Lob der unfehlbarsten Wirkung verdient das nachstehende specifische Mittel, welches ein Wirthschaftsinspektor bei Stargard in Pommern, viele Jahre hindurch, als ein Geheimniß besessen, und mit dem augenscheinlichsten Nutzen in der ganzen Gegend angewandt, hiernächst aber seiner Gerichtsobrigkeit angezeigt hat. Man vermischet gepülverte Origanum Antirrhinum, Petasites Rad. & Herba; Andiantum rubrum; valeriana vulgaris; morsus Diaboli; Hypericum; Myrrhis Major; Carlina; centaurium minus; Nigella Andiantum aureum a. n. a. wohl unter einander, und giebt einem Menschen drei Tage nach einander, jedesmal drei Messerspitzen von diesen Pulver in Melissen- oder Kardobenediktenwasser, einem Thier aber zwei Eßlöffel voll in ungeseiheter Kuhmilch ein.

In dem Hannöverischen Magazin wird die Wurzel des Tollkrautes, oder der Tollbeere, welche um Johannis aufgegraben, und an einem Orte, wo sie von der Luft ausgedörret werden kann, aufgehangen wird, sehr anempfohlen.

Man schabet die äußere Haut derselben ab, und reibet auf einer Reibe so viel, als der vom tollen Hunde gebissene Patient bedarf, davon ab. Ein erwachsener Mensch nimmt nemlich des Abends bei dem Schlafengehen einen Theelöffel voll, in einer gekochten Pflaume, fastet darauf acht Stunden lang und enthält sich insbesondere alles Trinkens, wie auch alles fetten. Vier Stunden nach dem Einnehmen empfindet derselbe gemeiniglich, daß seine Augen etwas dunkel werden, er se-

het-

het starr aus, ist auch wohl sonst, doch ohne zu Rasen oder zu Wüten, nicht völlig bei sich selbst; ein Zustand, welcher aber nie länger dauret, als bis er nach verschlossenen acht Stunden wieder Speise und Trank nimmt. Nachdem von dem ersten Einnehmen an gerechnet, acht und vierzig Stunden verflossen sind, wird auf gleiche Weise ein zweites, und nach noch andern acht und vierzig Stunden ein drittes Pulver genommen. Bei einem Kinde von zwei Jahren, ist der achte Theil zur Portion hinreichend. Auf ein Stück Rindvieh werden anderthalb, auf ein Pferd zwei, und auf einen grosen Hund ein kleiner Theelöffel voll gegeben.

Dieses Mittel hat sich wirksam bewiesen, wenn auch die gewöhnliche Folge des Bisses sich schon zu äußern anfiengen, ja gar, wenn der Patient schon angebunden werden mußte. In Ermangelung der zur rechten Zeit aufgenommenen Wurzel, kann man jedoch mit etwas geringerem Nutzen die getrocknete Blätter der Tollbeere (Belladonna) gebrauchen, wovon man einem Hunde fünf und zwanzig Gran, und zwanzig Gran, und so noch der kurz vorher angezeigten Proportion, andern Thieren und Menschen eingiebt.

Herr Geh. Rath Cothenius versichert, daß denjenigen, welche drei Tage nach einander alle Morgen gefeiltes Kupfer auf Butterbrod genossen, der Biß nichts geschadet habe;

doch mußte die Verletzung noch nicht über sechs Stunden geschehen seyn.

In den königl. Preußischen Landen ward im Jahr 1777. auf Befehl des Königs ein nunmehr in ganz Deutschland bekanntes Mittel, wobei der Maywurm das vornehmste Ingredienz ist, öffentlich bekannt gemacht, dessen Beschreibung allen Kreisen mitgetheilt worden. Man findet dieselbe auch so wie die durch ganz Deutschland glücklich angestellte Versuche dieses Mittels, im grosen Encyclopädischen Werk ausführlich angezeigt.

Nach Herrn Prediger Germershausen Anzeige im 4ten Buch der Hausmutter, nimmt man einen alten Flintenstein, stößet ihn zu Pulver, vermengt dieses mit Meel und Wasser, und macht eine oder mehrere Kugeln davon, welche dem gebissenen Thiere auf einmal in den Schlund geschoben werden um solche herunter zu schlucken. Hr. G. hat dieses Mittel, welches er bei zwei Hunden mit erwünschtem Erfolge gebrauchet hat, von einem alten angesehenen Forstbedienten, welcher schon zahlreiche Heerden auch seine eigene Hunde mit diesem Mittel gerettet, und deswegen alle abgenutzten Flintensteine sammlet und aufbewahret. Von Schütz Auszug aus Krünitz Encyclopädie VIIter Band.

7. Den

7.

Den Krebs zu heilen.

Das Gift des Arsenicks, welches im Auripigment enthalten, ist bewähret zur Heilung des Krebses gefunden worden. Wie es dann auch von vielen berühmten Aerzten, dagegen gebraucht worden. Dieses Auripigment oder gelbes Arsenick, muß in gelinden Salben, Pflaster und Kataplasmen gebraucht werden. Alle Quecksilbermittel aber sind sehr schädlich gegen den Krebs zu gebrauchen. Es muß aber dieses Arsenickmittel sehr vorsichtig gebrauchet werden, sonst kann es schädlich werden. Es muß sehr wenig, höchstens nur 2 bis 3 Gran zu einem Pflaster gebraucht werden. Man muß den Kranken bei dem Gebrauch dieses Pflasters eine herzstärkende Mixtur verordnen; als aus destillirten Wassern, absorbirendem Pulver wie Bergkrystall, Krebsaugen v. d. gl. und confectio alkermes mit einem Syrup; davon muß der Kranke, jede Stunde 2 Löffel voll nach einander nehmen, zugleich oft von einer Ptisane trinken die aus Hirschhorn, Altheenwurzel und ein wenig Lacrizwurzel mit Salpeter gekocht ist. Man legt überdies ein Verband mit einfachen Digestiv aus Terpentin mit viel Franzbrandewein und einem Eiergelbe gerieben, welches man auf geschabte Leinewand thut, auf den Schaden legt, auch ein Bleiweißweißpflaster (Alb. coct.) darüber legt, und über das alles eine dünne Kompresse mit einer Binde. Schwedische Akademie der Wissenschaften 1ter neuer Band vom Jahr 1780.

Ferner hat man als ein probates Mittel gegen den Krebs gefunden. Die Eidexenkur, halblebendige Eidexen werden gegessen. Kann man aber solches aus Eckel nicht aushalten, so kann man diese Eidexen getrocknet, und zu Pulver gerieben, einnehmen, und zwar würde ein Quentchen dieses Pulvers etwa die Stelle einer frischen Eidexe von mittlerer Größe vertreten. Man hat auch gequetschte Eidexen äußerlich als Umschlag bei dem Krebs mit gutem Erfolg gebrauchet. Eben dieses Mittel ist auch probat gefunden bei dem Aussatz und Franzosen.

Ein gutes Mittel gegen den Krebs ist auch der Magensaft der Thiere besonders der Ochsen. Imgleichen der Dampf von Schwefel, Essig, besonders aber warmen Wasser, welchen man öfters an den Schaden gehen läßt.

Durch folgendes Mittel wird der Krebs aus dem Grunde geheilet.

Durch das Infusum der Belladonna oder Nachtschattens, ist der Krebs an einer Brust glücklich curiret worden. Diese Pflanze heißt auch nach ihrem lateinischen Namen Solanum

majus,

majus, solanum somniferum & lethale, solanum lethale, solanum furiosum, Atrops. Diese Pflanze hat eine blätterigte Blume, in Gestalt einer an ihren Rändern eingekerbten Klocke. Aus dem Becher erhebt sich ein Griffel, der wie ein Nagel an dem hintern Theile der Blume befestiget ist, dessen Basis hernach zu einer beinahe runden, weichen, und in der Mitte durch eine Scheidewand in zwei Fächer abgetheilten Frucht wird. Diese Frucht schließt viele Saamenkörner in sich, die an einer Placenta fest sitzen. Sie wird für giftig und dummmachend gehalten. Auf einen Scrupel von den Blättern dieser Pflanze, die seit 3 Jahren gesammlet und getrocknet waren, wurden in 10 kleinen Theilen Wasser gegossen, und die ganze Nacht lauwarm ziehen gelassen. Diese Dosis wurde von den Kranken nüchtern jeden Tage eine Theetasse voll eingenommen, und verursachte einen leichten Schwindel, und im Munde eine Trockenheit. In sieben auf einander folgenden Tagen, wurde von der Patientin allezeit nüchtern eine gleiche Dosis, nemlich eine Theetasse voll eingenommen, hernach etwas mehr, und diese äußerte immer fast die nämlichen Wirkungen. Dabei wurde folgendes Pflaster gebraucht.

℞. Unguenti diapompholi 1 1/2 Unzen.
Amalgama Mercurii & plumpi 2 1/2 Quent.
Wallrath 1/2 Quent.
Opium 10 Gran.

Der

Der Gebrauch dieses Pflasters wurde nebst des Infusi von der Belladonna, etwa 17 Wochen fortgesetzt und täglich nüchtern 1 bis 1 1/2 Theetassen voll dieser Infusion genommen, und also wohl 18 Scrupel oder 6 Quentlein dieser giftigsten Pflanze in solcher Zeit verbraucht worden, auf solche Weise wurde der Krebs glücklich geheilet, und das Leben einer Frau gerettet, welche geschickte Medici bereits aufgegeben. Hamburgisches Magaz. XVIter Band.

8.

Gegen den Wurm am Finger.

Ein schlimmer Zufall ist das Geschwür, welches an oder unter dem Nagel am Finger entstehet, welches man den Fingerwurm, oder das böse Ding nennt. Es besuchet dieses Uebel in einer durch leichte Verwundung oder Quetschung entstandenen Entzündung, und einer ausgetrettenen, eiterenden faulen und fressenden Feuchtigkeit. Durch das fressende der Feuchtigkeit werden auch die Knochen angegriffen, und bisweilen der Verlust ganzer Theile des Fingers verursachet; ja öfters schlägt bei heissen Tagen der Brand dazu. Die Gefahr, womit dieser Zufall verbunden ist, räth uns an, bei schmerzhafter Empfindung das Uebel nicht leichtsinnig zu behandlen, sondern sogleich im Anfang die folgenden

ein-

einfachen und wolfeilen Mittel dagegen anzuwenden. Man muß nemlich den Finger lange Zeit in Wasser, welches etwas mehr als laulicht ist, halten, auch den Dampf von kochendem Wasser daran gehen lassen, und dieses den ganzen ersten Tag ohnunterbrochen fortsetzen, da sich dann oft die Kur schnell bewerkstelligen läßt. Versäumet man aber dieses Mittel gleich im Anfang, so wird die Eiterung schlechterdings nothwendig. 2) Man beschleuniget sodann die Eiterung, indem man den Finger beständig mit einem Umschlage von Brodkrum und Milch, oder von Käsepapelblumen in Milch gekocht bähet. Man kann den Umschlag mit einigen Lilienzereiben oder mit Honig noch würksamer machen, dieses aber muß nicht eher mit eingekocht werden, als bis die Entzündung nachläßt und die Eiterung ihren Anfang nimmt; vor dieser Zeit sind alle scharfe Mittel sehr schädlich. Zu solcher Zeit ist auch ein Umschlag von Sauerteig dienlich, welcher die Eiterung sehr befördert. Auch ist der ein wenig gequetschte, und mit Milch gekochte Sauerampfer sehr gut.

Auf den schnellen Ausfluß des Eiters kommt viel an, dazu aber muß ein Wundarzt gebraucht werden. Dann es ist nicht rathsam, zu warten, bis der Schaden von selbst aufbricht, zumal da oft die Haut schon sehr hart ist, und sich der Eiter allzuweit im Fleische ausbreiten würde, ehe er durchbrechen konnte. Die zur Abzapfung des Eiters erforderliche

Oeff-

Oeffnung, mag lieber ein wenig zu früh als zu spät, und ein wenig zu tief, als zu flach gemacht werden. Nach der Eröffnung leget man das Nürnberger Pflaster auf die Wunde, und verbindet sie täglich.

Wenn die Ursache des Fingerwurms eine in der Gegend des Nagels ausgetretene Feuchtigkeit ist, so muß ein geschickter Wundarzt daselbst einen Einschnitt machen, welcher dieser Feuchtigkeit einen Ausgang schaffet. Setzt sich bei dem Zuheilen schwammigtes, oder sogenanntes wildes Fleisch, so vertreibt man es, indem man es mit ein wenig Arnnig oder gebrannten Alaun bestreuet.

Durch das Halten des Fingers in ziemlich warmer und scharfer Lauge, welches man so lange fortsetzet, bis das Uebel gehoben ist, kann man den Fingerwurm curiren, wenn auch schon der Eiter fressend ist; weil die Lauge eine Blase ziehet, durch deren Oeffnung die Materie weggeschafft, durch anhaltendes Bähen in warmer Lauge aber die Wunde rein gehalten werden kann; wobei man ein gutes aufzulegendes Pflaster hinter dem Bähen zu Hülfe nimmt. Auch thut Eyerdotter in welchem noch einmal so viel Salz aufgelöset worden, als man gebrauchen würde, um das Ey zu essen, gute Dienste; und bringt nach 48 Stunden eine Oeffnung in der Haut zum das abfließen des Eiters zu Stande.

Schütz Auszug aus Krünitz Encyclo[illegible] 3ter Theil.

Mittel gegen erfrorene Glieder.

Wer die Glieder schon ehedem erfroren hat, empfindet darinn zur Herbstzeit ein beschwerliches Jucken, wobei die Glieder schwellen, roth und blau werden, ja gar aufbrechen, wenn man nicht zuvorkommt. Sobald man dieses Jucken spüret, muß man die erfrorene Theile mit Steinöl, welches mit weißen Lilienöl vermischt ist, reiben. Ein vorzüglich wirksames Mittel ist das Wasser, welches sehr kalt ist und gefrieren will. In selbiges tauchet man täglich, wenn andere kränkliche Umstände es nicht verhinderen, verschiedenemal einige Minuten lang die Hände. Die ersten Augenblicke da die Hand im Wasser ist, fühlet man einen leichten Schmerz, welcher sich nach und nach vermindert. Bei dem Herausziehen sind die Finger von Kälte erstarret; sie werden aber bald wieder warm, und nach einer viertel Stunde befindet man sich ganz wohl. Wenn man die Hand aus dem Wasser ziehet, so trocknet man sie ab, und steckt sie in einen ledernen Handschuh. Nach drei oder vier solchen Bädern verlieret sich die Geschwulst, und die Haut wird runzelich. Bei fernerer Fortsetzung der Bäder aber, ziehet sie sich wieder zusammen. Nach 3 oder Tagen ist man geheilet, und das Uebel kommt selten in demselben Winter wieder.

Hieher gehören auch die Schnee und [illegible] der, deren Wirkung gemeiniglich noch schneller ist. [illegible] wäscht [illegible] nemlich die Hände oft und lange mit Schnee, oder geschabten Eise, oder hält sie eine Zeitlang darein. Sie werden einige [illegible] sehr weiß und roth; [illegible] bald [illegible] bei schwächlichen Personen. [illegible] das [illegible], können Handschuhe [illegible] Leder, z. B. von Hundsleder, [illegible] den Socken an den Füßen, [illegible] und Nacht getragen werden, [illegible]. Auch hält man ein [illegible] schaalen oder von [illegible] ist man ein Sechzehntheil [illegible] diensam, indem man [illegible] [illegible] zu verschiedenenmalen [illegible] es ganz laulicht ist einzutauchen. [illegible] die Vermischung von Urin und [illegible] sind von gleicher Wirkung wie diese [illegible]. Wenn man die Hände aus den [illegible] Dekokten herauszieht, muß man sie [illegible] wendig durch Handschuhe gegen [illegible] Luft verwahren. [illegible]

Oefters ist der Dampf noch [illegible] die Dekokte selbst. Besonders [illegible] der [illegible] von warmen Essig eines der [illegible] tel. Wenn das Uebel vertrieben ist, [illegible] die Hände oder Füße alle Tage mit [illegible] Kampferspiritus, der mit einer [illegible] Quantität Wasser vermengt ist, waschen [illegible] durch die Haut wieder gestärkt [illegible]

Zum [illegible] des Frostes [illegible] anderen [illegible] was [illegible] Brunnenwasser [illegible], warm [illegible], Schläge von [illegible] zu halten, und dieses [illegible] öftern zu wiederhohlen. Dieses Mittel [illegible], wenn auch schon der Schade [illegible] ist. Auch wird [illegible] die [illegible] [illegible] die noch nicht [illegible] [illegible] sehr angepriesen, wenn man [illegible] von 3 oder 4 Tropfen auf die beschädigte Stelle gießt, und sie daselbst einreibt. Nach [illegible] Wiederhohlung dieses Mittels [illegible] den die Beulen. Nach [illegible] Vorschrift soll man [illegible] Theile [illegible] öftern mit [illegible] bene[illegible]. [illegible] den Frost [illegible] legt man [illegible] oder [illegible] oder die abgezogene Haut von einem [illegible] Heringe oder Bücklinge [illegible] auf. Es ist aber die Würkung dieser Mittel [illegible] so [illegible], als von den [illegible] [illegible]

Ein sehr bewährt befundenes Mittel [illegible] erfrorne Glieder, ist [illegible] der [illegible] Balsam, dessen Komposition folgende ist: Man nimmt Silberglätte und Armenischen Bolus, [illegible] Loth; calcinirten ungarischen [illegible] ein Loth; oder [illegible] dessen Ermangelung [illegible] Röthe calcinirten Eisenvitriol; oder auch [illegible] Vitriol [illegible]; altes Baumöl [illegible] halbes Quart. Die [illegible] Stücke werden klein gestossen, [illegible] starker [illegible] [illegible], [illegible] oder andern steinernen Topf in das Oel gehängt, und ein Deckel darauf geklebt, worauf man die ganze Masse, bei sehr langsamen Feuer um den dritten Theil einsieden läßt, und sie alsdann in einem Zuckerglase verwahret. Sie erhält sich viele Jahre, und wird je älter, je besser. Man muß sich hierbei vorsehen, daß die Leinewand den Topf weder an der Seite noch auf dem Boden berühre, weil sie sonst anbrennt.

Was den Gebrauch dieses Balsams anbetrift, so streichet man selbigen entweder auf Leinewand, und legt solche als ein Pflaster auf die beschädigte Gliedmaßen, oder man schmieret denselben auf den Ort, wo der Frost befindlich ist, und ziehet Handschuhe, oder Socken von geglättetem Leder darüber. Eben dieses Mittel, welche wieder den Frost dienlich sind, bedienet man sich auch gegen den Brandschaden, jedoch mit dem Unterschiede, daß man bei Frostschäden die Annäherung an das Feuer, oder den Ofen, bei Brandschäden hingegen, die Annäherung der Kälte verhüten müsse.

In N. 55. des Leipziger Intelligenzblattes vom Jahr 1776. S. 498. wird folgendes Mittel bekannt gemacht. Man zerschneidet ein Stück Seife in kleine Stückchen, thut frische ungesalzene Butter und Salz hinzu, gießet alsdann frische Milch darauf, und läßt diese Mischung auf gelinden Kohlen zu einer

Salbe

Salze kochen. Von derselben legt man bestrichene und eingetauchte Umschläge, so warm, als man es leiden kann, auf die erfrohrene Glieder, wiederhohlt die Umschlagung, so bald selbige nur einigermaßen kühl zu werden anfängt, und fähret damit ohnunterbrochen einen ganzen Tag fort. Wenn alsdann nur bei dem Abnehmen der Umschläge, oder bald nach demselben eine neue Verkältung verhütet wird, so kann man darauf rechnen, daß das Uebel gründlich gehoben ist. Es ist dieses Mittel in sehr vielen Fällen stets bewähret gefunden worden.

Wenn eine Frostbeule die Näse angreift, sind der Dampf von Weineßig, und ein Ueberzug über dieselbe, die besten Mittel.

So bald ein Glied durch den Frost beschädiget worden, ist es nöthig, gewisse Vorsicht zu gebrauchen, ehe man noch zu einem der oben erwehnten Mittel schreitet. Vornemlich muß man sich hüten, daß man nicht sogleich wieder in die Wärme gehe. Eben so, wie man ein verbrandtes Glied an das Feuer halten muß, um den Brand heraus zu ziehen, so muß man ein erfrorenes Glied gedachtermaßen mit Schnee, Eis oder kaltem Wasser reiben, bis es warm wird, und erst hernach spirituose Sachen zur Hand nehmen. Wenn die Glieder auf diese Weise von ihrer Erstarrung und Fühllosigkeit wieder erhohlet haben, kann man sie mit Bürsten, oder rauhen Tü-

[illegible], [illegible] die [illegible] [illegible] [illegible] [illegible] [illegible] so weit gekommen, [illegible] [illegible] zu erwärmen, so muß man [illegible] [illegible] wieder [illegible] [illegible] [illegible] [illegible] aus [illegible] [illegible] gefrornen [illegible] mit [illegible] [illegible] zusammen geschmolzen. [illegible] [illegible] der [illegible] ist [illegible] [illegible] mit dem [illegible] [illegible] [illegible] Weinstein [illegible] [illegible] oder aus Birkenholzasche [illegible] [illegible] Feuer eine zubereitete Lauge mit [illegible] [illegible] [illegible] [illegible] [illegible] [illegible] [illegible], und [illegible] [illegible] genug [illegible] [illegible], mit [illegible] [illegible] schlage von gekaueten Erbsen zuheilen. Die [illegible] [illegible] [illegible] [illegible] [illegible] Käse, und [illegible] dann [illegible] [illegible] [illegible] diesen [illegible] [illegible] [illegible] sie [illegible] [illegible] [illegible] Durch dieses können auch die [illegible] [illegible] und aufgelegten Scheiben von [illegible] [illegible] [illegible] [illegible]

[illegible] [illegible] der Kälte, [illegible] [illegible] so ist ein sehr gutes Mittel [illegible] [illegible] Eßlöffel voll von dem wässerigen [illegible] extracte in einer Kaffeetasse voll Wasser durch beständiges Umrühren [illegible] [illegible], und die Hände fleißig mit [illegible] [illegible] zu waschen. Die [illegible] [illegible]

[illegible] werden [illegible] [illegible] den [illegible] Sachen, [illegible] oder [illegible] sind, nemlich durch [illegible] waschen [illegible] [illegible], mit oder ohne Safran, Brandewein, [illegible] stein oder Myrrhenessenz [illegible]. verhütet. Schüz Auszug aus Krünitz Encyklopädie IVter Theil.

[illegible]

10.

Einen [illegible] [illegible] zu machen.

Man nimmt rothe Rosen, die Blätter vom Pimpinelle, Salbey, Schafgarbe, Balsamkraut, Majoran, [illegible] [illegible], von jedem eine Handvoll, [illegible] [illegible] kochet alles in einem Topfe, bis der Wein völlig verzehret, und nur das Oel [illegible] zu sehen ist, aber bei [illegible] Feuer [illegible] beständigem rühren; zulezt thut man eine handvoll Salz darunter, nach etlichen [illegible] den [illegible] man es durch eine [illegible] feste Leinewand, und [illegible] den Saft [illegible] den Kräutern.

Dieser Balsam ist gut wieder [illegible] den Brand, die Schwäche der Nerven, [illegible] [illegible], die Unverdaulichkeit, das Bauchgrimmen, die Lähmung u. d. gl. Man muß [illegible] so lange damit reiben, bis sich der Balsam völlig in das Fleisch eingezogen

 hat;

hat, und die Finger zuweilen warm mache, damit er besser eindringe. Nach diesem muß man es in ein recht warmes Tuch einwickeln, das man beständig dazu brauchen muß; denn es ist besser, als ein frisches zu nehmen. Man muß das kranke Glied des Tages drei- oder viermal reiben.

Ein anderer fürtreflicher Balsam wird gemacht folgendergestalt:

Man setze von Wermuth 4 Theile, Raute 3 Theile, Beyfuß 2 Theile, Roßmarin 2 Theile, Salbeyblätter und Blüte nebst etwas Lorbeeren nicht völlig 1 Theil.

Dies alles wird nach dem Maße, nicht aber nach dem Gewichte genommen, und mit einer hinlänglichen Quantität Nußöl gesotten, bis die Kräuter schwarz sind, darnach nimmt man alles aus dem Kessel, gießt das Marste ab, preßt den Saft der Kräuter durch ein Tuch, und gießt ihn zu dem klaren Oele. Hierzu thut man venetianischen Terpentin 1 Theil, Spicköl 8 Theile, frisches Wachs 32 Theile, und Harzpech, je nachdem man es hart oder weich haben will, doch nicht mehr, als Wachs. Dieses alles rühret man wohl durch einander, schäumet den Unrath ab, und thut diesen Balsam in einen verglasurten Topf, den man mit Pergament und einem geölten, oder mit Firniß bestrichenen Leder darüber festzubinden, und 6 Wochen

oder

der in einen Haufen von Pferdemist vergraben muß, worauf man ihn nach folgender Vorschrift gebrauchen kann. Sein Nutzen ist folgender. Er heilet in 24 Stunden alle frische Wunden warm aufgelegt, wenn man die Wunde zuvor mit warmen Wein ausgewaschen hat. Warm auf die Schläfe und den Kopf mit einem leinenen Tuch gelegt, lindert derselbe alle Kopfschmerzen. Er dienet für Verrenkung der Sennen, wenn man sie damit schmieret; für die Schwäche des Magens, wenn man die Gegend desselben damit reibet, oder mit einem warmen Tuche aufleget; für das Bauchgrimmen, wenn man den Nabel damit bestreichet; und für alle Krankheiten, denen durch äußerliche Mittel abgeholfen werden kann.

Der sogenannte türkische Balsam wird gemacht auf folgende Weise.

Man kochet Baumöl 2 2/4 Pfund, weisses Harz, gelbes Wachs, Griechisch Heu pulverisirt, von jedem 3/4 Pfund, und klaren reinen Terpentin 2 Loth.

Dieses wird in einem glasurten Topfe drei Viertelstunden lang ganz gemächlich gekocht, daß es nicht übersiede, und fleißig umgerühret; sodann wird es durch ein leinenes Tuch geseihet, und man thut unter gelindem Kochen folgende Oele hinzu:

[illegible] 2 [illegible]
[illegible] Balsam 1 Unze [illegible]
[illegible]
[illegible]
[illegible] eine [illegible]
[illegible]
[illegible]
[illegible]
[illegible]
[illegible]
in zinnernen Krügen [illegible]
Jahre. [illegible]
ihren Kräften [illegible] man [illegible]
[illegible]
[illegible]
[illegible]
eine Contusion zum Grunde liegt, wenn er täglich 2mal warm eingerieben wird. Er heilet auch schnell [illegible] Brandschaden; auch bei dem [illegible] wenn außer dem äußeren Gebrauch, täglich [illegible]mal einen [illegible]
[illegible] der äußere und innere [illegible] dieses Balsams mit Laxativen und Reinigungen verbunden, den Krebsschaden. Er kann mit erwünschtem Erfolge bei Menschen und Vieh sowohl bei frischen Wunden, [illegible] Quetschungen, [illegible] wieder den [illegible] Brand gebraucht werden. Bei Kühen [illegible] Menschen, wird derselbe alle 24 Stunden zweimal aufgelegt, und [illegible] blase gestrichen, weil, wegen der [illegible] zu viel durch die Leinewand dringt und ver-

lohren

Löhren gehet. Bei Pferden ist dieser Balsam auch von ganz fürtreflicher Wirkung. S. Schütz Auszug aus Krünitz Encyclopädie 1ter Theil. [illegible]

[illegible]

Wie man erfrorene Menschen wieder zum leben zu bringen, versuchen müsse.

Darauf wird mancher denken; das weiß ich schon lange! man muß sie an die Wärme bringen. Und das ist grade dasjenige, was durchaus nicht geschehen muß. Man muß einen solchen Körper an einen kalten Ort bringen, allda ein Schu hohes Lager von Schnee machen, den nackenden Körper darauf legen, und ihn wieder eine halbe Elle hoch ganz mit Schnee bedecken, und solchen fest andrücken. Auch sogar der Kopf und Hals muß damit belegt werden, und nur allein die Nasenlöcher und der Mund müssen frei bleibeu. In Ermanglung des Schnees wird der Körper auf gleiche Art in kaltes Wasser bis an den Hals gesetzt und der Kopf mit kalten nassen Tüchern beleget; verspürt man nun nach einiger Zeit, unterdessen man immer, Achtung haben muß, daß die Glieder biegsam werden, und daß sich die Spuren des Lebens merken lassen, so wird dann der Körper herausgenommen, abgetrockgetrocknet und in ein Federbette gebracht. Dann kann man ihn mit etwas Wein aufzumuntern suchen. Diese langsame Art der Aufthauung ist so nothwendig, daß man erfrorene Menschen ohne Errettung tödten würde, wenn man sie plötzlich in die Wärme brächte. Wiegleb Magie 1ter Band.

www.ingramcontent.com/pod-product-compliance
Lightning Source LLC
Chambersburg PA
CBHW031341230426
43670CB00006B/409
* 9 7 8 3 7 4 3 4 7 1 0 3 0 *